MELANIE & MARKUS GIGER

# MITTEN IM STURM

## LEBEN GLAUBEN LIEBEN

In guten und in anderen Zeiten

Melanie & Markus Giger
**Mitten im Sturm**
Leben, glauben, lieben – in guten und in anderen Zeiten

ISBN: 978-3-906959-47-4


Lektorat: Attila Ebersbach
Umschlag- & Satzgestaltung: OHA Werbeagentur GmbH, Grabs
Druck: Finidr, s.r.o., gedruckt in Tschechien

Dieses Buch und weitere interessante Medien (Auslieferung auch in DE/AT) können Sie beziehen bei:

MOSAICSTONES, Tel. +41 33 336 00 36
info@mosaicstones.ch, www.mosaicstones.ch

Deus adest – Wegbegleiter Giger
www.mittenimsturm.ch

# Inhalt

# IN GUTEN & IN ANDEREN ZEITEN

**Songtext von Emanuel Reiter**

Du bist so jemand, mit dem man Pferde stiehlt
Sich lauthals kaputtlacht und wild durch Nächte zieht
Mit dir ist es möglich, Wüsten zu durchqueren
Und sibirische Kälte in Sommer umzukehren
Du – du bist so jemand,
der bei noch so rauem Wind hinter einem steht
Und wenn du mich jetzt fragen würdest,
was zum ganzen Glück noch fehlt,
Dann eigentlich nur eines, nur eines

**Lass uns beide**
**In guten und in anderen Zeiten immer beieinanderbleiben,**
**und auch wenn die ganze Welt erzählt,**
**dass das heute nicht mehr geht,**
**glaub' ich fest daran**

Ich hoff' ich bin so jemand, auf den du zählen kannst
Der für dich kämpft, und das ein Leben lang
Wenn Wolken dich einschließen, will ich dich befrei'n
Will Brücken für dich bau'n, wenn du dich mal nicht traust
Ich – ich hoff' ich bin so jemand, der
dich nimmt und liebt, genauso wie du bist
Und wenn ich jetzt was wünschen dürfte, einfach so,
dann eigentlich nur eines, nur eines

Du und ich
Wir sind wie Pech und Schwefel
Wie zwei starke Magnete, die schwer zu trennen sind
Und wenn wir ein wenig darauf achten,
unser Feuer zu entfachen, leuchtet es auf immer

# Vorwort

Ahnungslos und schwer von Begriff. So sehe ich mich heute, wenn ich auf meinen früheren Umgang mit Leiderfahrungen meiner Mitmenschen zurückblicke. Ich ahnte zwar, wie schwer uns unerwartete Schicksalsschläge treffen können. Konnte mir vorstellen, dass Trauerprozesse Zeit brauchen. Aber ich hatte keine Vorstellung davon, wie anspruchsvoll sie tatsächlich sind. Wie unvermittelt Wellen von Schmerz auch noch nach vielen Monaten über einem Menschen zusammenbrechen können – obwohl er gerade eben noch fröhlich lachte. Das brachte ich nicht zusammen. Es gab Momente, in denen ich ungeduldig wurde und die stille Erwartung hegte, dass es doch anders sein müsste. Wie gesagt: Ich hatte keine Ahnung und war schwer von Begriff ...

Es waren befreundete Mitmenschen, Mitarbeitende, Kolleginnen und Kollegen, die mir halfen zu verstehen, was es heißt, große Lebenswunden zu verarbeiten. Die sich getrauten, ihre Geschichte mit mir zu teilen. Sie halfen mir zu verstehen, welche tiefen Kerben mancher Verlust in das Herz eines Menschen zu schlagen vermag. Wie lange Trauerprozesse dauern können.

Wie hilfreich wäre es auch gewesen, wenn ich damals dieses Buch von Melanie und Markus Giger zur Hand gehabt hätte. Es hätte meinen Lernweg deutlich beschleunigt.

Was Melanie und Markus in ihrem Buch beschreiben, ist einzigartig. Einzigartig ist ihre Offenheit, mit der sie ihren inneren und äußeren Weg inmitten des Verlusts ihres Kindes beschreiben. Es gibt andere Erfahrungsberichte zu diesem Thema. Ich kenne aber keinen, der mich so berührt wie der von Melanie und Markus. Der so eindringlich, umfassend und ehrlich beschreibt, wie sehr das Sterben ihres Kindes ihre Seelen durchbohrt und ihr Miteinander auf die Probe gestellt hat. Ich kenne keinen Einblick, der so ungeschminkt zeigt, wie ein solches Ereignis auf alles seinen Schatten legen und selbst ein so schönes Lebensgeschenk wie die gemeinsame Sexualität in Mitleidenschaft ziehen kann.

Das Wertvollste an diesem Buch aber ist die Hoffnung, die es vermittelt. Melanie und Markus bezeugen Gottes liebevolle Präsenz inmitten ihres Weges. Seine Gnade, die ihnen ehrliches Klagen erlaubt. Seine Hilfe im Verarbeiten, im neu Fußfassen, im Ringen um Liebe und Verständnis füreinander. Und so bezeugen sie inmitten der vielleicht größten Zumutung ihres Lebens die enorme Kraft des Glaubens an Jesus Christus. Was für ein starkes Zeugnis!

Ich wünsche diesem Buch viele Leserinnen und Leser. Es ist mehr als ein eindrückliches und persönliches Buch. Es ist ein überaus hilfreicher Wegbegleiter für uns alle. Für Betroffene. Für solche, die ihre Mitmenschen durch die Höhen und Tiefen einer Leiderfahrung begleiten möchten. Und nicht zuletzt für solche wie ich damals, die keine Ahnung haben, was es heißt, nach einem biografischen Tsunami wieder auf die Beine zu kommen.

*Aarau, März 2021*

*Thomas Härry*

*Thomas Härry ist Autor, Dozent an der HF Theologie, Diakonie und Soziales sowie Mentor von Führungskräften*

# Einleitung

Dieses Buch gibt den Lesenden einen ehrlichen Einblick in unsere Geschichte der letzten Jahre, die geprägt war von der Trauer um unseren verstorbenen Sohn, die leidvolle Zeit danach und die tiefen Erkenntnisse, die während dieser Zeit gereift sind.

In erster Linie möchten wir betroffenen Eltern, die ebenfalls einem Verlust eines Kindes gegenüberstehen, Trost geben und ihnen Mut machen, den Weg der Trauer bewusst zu beschreiten und in ihnen Hoffnung wecken, dass ein Weg zurück ins Leben möglich ist. Ja, dass sogar die Möglichkeit besteht, reifer und stärker aus dieser Situation hervorzugehen.

Wir sind beide Christen, die ihren Glauben an Jesus Christus im Alltag praktisch leben. Deshalb werden einige Gedanken zum christlichen Glauben mit in dieses Buch hineinfließen. Wenn du persönlich damit (noch) nichts anfangen kannst, betrache diese einfach als Teil unseres Weges. Unser Wunsch ist es, dass du, wenn du entschiedener Christ bist, durch dieses Buch Ermutigung erfährst. Wenn du, lieber Leser, liebe Leserin mit Jesus Christus keine persönliche Beziehung hast, dann ist es unser Wunsch und unsere Einladung, dass du bereit wirst, in ihm den Tröster zu finden. Es gibt auf diesem Weg viele Schätze, die darauf warten entdeckt zu werden. Einen Versuch sollte es doch wert sein, findest du nicht auch?

Zudem richtet sich dieses Buch an Angehörige, Freunde und kirchliche Mitarbeitende, welche besser verstehen wollen, was ein solcher Verlust für betroffene Eltern und Familien bedeuten kann und wie sie in dieser schwierigen Situation unterstützt werden können. Es ist auch deshalb entstanden, weil uns in den letzten Jahren zunehmend Menschen darauf angesprochen haben, wie sie für Betroffene gute «Wegbegleiter» sein und was sie praktisch tun können. Immer wieder stellen wir in diesen Gesprächen ein ehrliches Wollen, aber auch eine große Hilflosigkeit und Überforderung fest.

Als wir beschlossen, aus unserer Geschichte, unseren Erfahrungen und Erkenntnissen ein Buch zu schreiben, entschieden wir uns als Erstes, dass sich Melanie sieben Tage in ein B'n'B zurückzog und alles aufschrieb, was ihr auf dem Herzen lag.

Da kam so viel zusammen, dass wir zum Schluss kamen, dass Markus punktuell sein Erleben mit einfließen lässt. Deshalb stammt der meiste Textanteil von Melanie und die kursiv eingefügten Elemente schrieb Markus. Die Impulsgedanken (blau hinterlegt), wurden von beiden zusammen verfasst.

Du hältst ein authentisches Buch in den Händen, das rund um dieses Tabuthema unserer Gesellschaft nichts bagatellisiert, beschönigt oder gar heikle Passagen auslässt. Wir sind überzeugt, dass nur so jeder Leser davon profitiert. Wir bieten in diesem Buch kein Patentrezept an. Dieses gibt es nicht. Trauerarbeit ist immer individuell. Jede Geschichte rund um den Tod eines Kindes ist einzigartig, Verlust nicht gleich Verlust und Trauer nicht gleich Trauer.

Dies hier ist unsere Geschichte.

Wir haben uns erlaubt, unsere Leser bereits von Beginn an per Du anzusprechen. Unsererseits liegt in diesem Buch so viel Persönlichliches und jeder, der dieses Buch liest, ist uns so ein Stück nahe, dass wir uns für dieses Du entschieden haben.

**So findest du eine angegebene Bibelstelle, zum Beispiel Psalm 119,114:**

Zuerst wird das Buch der Bibel genannt (Psalm), dann kommt das Kapitel (119 – die großen Zahlen im Buch), zum Schluss die Verse (114 – kleine Zahlen im Text). Tipp: Die verschiedenen Bücher der Bibel findet man am besten mit dem Inhaltsverzeichnis. Doch aufgepasst: In einigen Bibeln beginnt das Neue Testament nach ca. 3/4 der Bibel, die Seitenzählung wieder bei 1.

# Prolog

«Wollen wir einmal ganz unverbindlich etwas zusammen trinken gehen?» Diese Frage von Markus an mich stand am Anfang unserer Liebesgeschichte. Aus diesem «unverbindlich» wurde zwei Jahre später, im April 2003, eine Ehe, deren Verbindlichkeit in der Folge hart auf die Probe gestellt wurde.

Ich (Melanie) war schon immer eine Kämpferin. Aufgewachsen in relativ einfachen Verhältnissen auf dem Land, als Jüngste von vier Kindern und einem Schulweg von mehreren Kilometern. Während meiner Ausbildung zur Pflegefachfrau habe ich unter anderem auf einer Palliativstation (für unheilbar kranke, sterbende Menschen) gearbeitet und mich später zur Stationsleitung in einem Alterszentrum weitergebildet.

Markus wuchs zusammen mit zwei älteren Geschwistern in einem Alterszentrum auf. Seine Eltern leiteten diesen Betrieb mit rund 80 Bewohnern. Das Thema Tod gehörte deshalb für ihn zum «Mittagstisch-Gespräch», genauso wie andere alltägliche Themen. Nach der Ausbildung zum Pflegefachmann studierte er während unseren ersten Ehejahren Theologie.

Im Herbst 2010 wurde Markus zum Geschäftsleiter des Bibellesebundes Schweiz berufen, einer christlichen Organisation mit rund 18 Mitarbeitenden – eine verantwortungsvolle Aufgabe mit entsprechend hohem Engagement. Zu dieser Zeit hatten wir bereits zwei Kinder, Boas (2007) und Jael (2009). Der Wunsch nach einem weiteren Kind war da. Und damit auch die Unsicherheit, die wohl viele Eltern kennen: Packen wir das kräftemäßig? Wir haben uns gegenseitig viel darüber ausgetauscht. Ich habe mit Gott gesprochen und aufgeschrieben, was ich den Eindruck hatte, dass er zu mir sprach, dass er mit uns ist, dass wir es packen werden. Das machte mir Mut. So entschieden wir uns, die Verhütung auszusetzen.

Unser Gebet und unser Herzenswunsch während dieser Zeit waren: «Herr, vertiefe unsere Ehe, unsere Leben und unseren Dienst. Erweitere unser Gebiet.» Wir haben mit Gutem, mit Segen gerechnet und damit, dass unsere Leben und unser Dienst kraftvoller und vielfältiger werden würde. Wir haben menschlich «gerechnet», denn ... alles kam anders als erwartet ...

# LEBEN in stürmischen Zeiten

## Die Schwangerschaft

Ich wurde sehr rasch schwanger. Darüber freute ich mich riesig. Meinem Mann ging es fast etwas zu schnell. Mit seiner neuen beruflichen Situation hätte er gerne noch den einen oder anderen Monat ohne diese Veränderung ins Land ziehen lassen, aber er freute sich trotzdem über das neu entstehende Leben. Nach drei Monaten legten wir die Ultraschallbilder auf unseren Wohnzimmertisch und stießen mit den Kindern auf das neue zukünftige Familienmitglied an. Wir freuten uns alle sehr!

Besonders Jael hatte eine riesige Vorfreude auf das kommende Geschwisterchen. Sie ist mütterlich, packt gerne an und übernimmt wo immer möglich Verantwortung. Das zeigte sich bei ihr bereits mit drei Jahren, wurde auch in der Spielgruppe beobachtet und überhaupt im Umgang mit anderen Kindern. Ich wusste, gerade mit Jael habe ich zwei zusätzliche helfende Händchen.

Die Schwangerschaft verlief so weit unauffällig. Mein Bauchumfang war diesmal etwas größer, weil ich mehr Fruchtwasser hatte als bei den zwei Schwangerschaften zuvor. Das kann ein Warnsignal für gewisse Komplikationen sein, muss aber nicht. Bei unserem ersten Kind hatte ich eine Schwangerschaftsvergiftung mit anschließender Frühgeburt. Ich wusste, jede Schwangerschaft ist einzigartig und so machte ich mir nicht allzu viele sorgenvolle Gedanken darüber, was im Grunde ein Geschenk war.

*Markus: Grundsätzlich bin ich kein ängstlicher Mensch. Aber jede Schwangerschaft von Melanie war für mich mit gewissen Ängsten verbunden. Bei dieser dritten Schwangerschaft hatte ich von Anfang an ein ungutes Gefühl. Das hing bestimmt auch damit zusammen, dass meine Schwester und ihr Mann kurz zuvor ein Mädchen mit Down-Syndrom bekommen hatten. Diese Diagnose machte mich sehr betroffen und verstärkte mein Unbehagen noch mehr. Dies nicht, weil ich das Leben von beeinträchtigten Menschen nicht wertschätze, sondern vielmehr, weil ich mir persönlich der Verantwortung und der Zusatzbelastung (auch des Umfelds) sehr bewusst bin.*

Nach jedem Kontrolltermin bei der Frauenärztin wollte Markus jeweils gleich Bescheid wissen, ob alles gut war. Nicht immer habe ich das umgehend gemacht, denn es war ja alles gut. Im Nachhinein muss ich sagen, dass ich zu wenig realisiert habe, wie tief die Ängste von meinem Mann waren. Sonst wäre ich wohl umsichtiger gewesen. Das tut mir heute leid.

Mit jeder Schwangerschaftswoche wurde ich zunehmend erschöpfter. Ich spürte meine Grenzen. Abends, wenn die Kinder im Bett waren, legte ich mich gleich auch ins Bett. Ich war so müde.

Eine Blutuntersuchung ergab, dass mein Eisenwert praktisch bei null lag, und dies trotz Eisentabletten. Meine Frauenärztin erschrak über diesen Wert und fragte erstaunt: «Frau Giger, wie schaffen sie bloß ihren Alltag?» Ich antwortete nur: «Ich muss einfach.» Darauf wurde entschieden, dass ich Eiseninfusionen bekomme. Langsam zeigten diese ihre Wirkung. Trotzdem begann ich mir ernsthaft Fragen zu stellen. Wie schaffe ich das, wenn das Baby erst da ist? Nächtelang aufstehen, wenn ich jetzt schon dauernd schlafen könnte?

Die weiteren Ultraschalluntersuchungen ergaben, dass es dem Baby gut geht. Wir waren dankbar dafür.

*Markus: Im Herbst 2010 zogen wir von einer Wohnung in ein Reihen-Einfamilienhaus mit Umschwung. Nun galt es, uns als Familie auf den Alltag zu fünft praktisch vorzubereiten. Wir suchten dafür unter anderem ein größeres Auto. Unser derzeitiger Wagen hatte keinen Platz für drei Kindersitze auf der Rückbank. So schloss ich einen Kaufvertrag für einen großen Minivan ab. Dieser sollte genau um den Geburtstermin an uns ausgeliefert werden.*

In den Wochen vor dem Geburtstermin sprachen mir verschiedene Leute Worte und Eindrücke zu, welche sie von Gott als Zuspruch für mich erhielten. Ihre Bedeutung blieb mir zunächst weitgehend verborgen. Noch konnte ich die Tiefe und die Wahrheiten dahinter nicht verstehen. Doch ich habe sie alle aufgeschrieben, um mich daran zu erinnern. Mein Mann brachte mir das Buch «Den Himmel gibt's echt» nach Hause, welches mir eine Kollegin empfohlen hatte und ich deshalb lesen wollte. In diesem Buch geht es um einen vierjährigen Jungen, welcher ein Nahtoderlebnis hatte und in dieser Zeit im Himmel war. Was er dort erlebte, teilt er in diesem Buch mit. Dadurch beschäftigte ich mich näher mit dem Himmel und was die Bibel darüber sagt.

Fast zeitgleich stieß ich auf einen Artikel in einer Zeitschrift, welcher Erwachsenen Hilfe bietet, Kinder beim Tod von nahen Angehörigen zu begleiten. Ich habe diesen Text aufbewahrt, weil ich dachte, das wäre vielleicht einmal ein Thema, um im monatlichen «Müttertreffen» unserer Kirche sich mit anderen Müttern darüber auszutauschen.

Jael und ich zogen vor dem Geburtstermin in unserer Kirche je eine Jahreslosung (persönlicher, biblischer Leitvers für ein Jahr) für das Baby. Als ich diese beiden Verse las und die Bilder auf den Karten betrachtete, sagte ich zu Jesus: «Was willst du mir damit sagen?» Dabei dachte ich an den Tod. Ich kann diesen Moment nicht beschreiben. Bis zu diesem Tag erlebte ich das Ziehen von Losungen immer als etwas Ermutigendes, Auferbauendes. Dieses Mal war es für mich aber irritierend und mit offenen Fragen verbunden.

Bibelvers von Jael gezogen:

Bibelvers von Melanie gezogen:

Rückblickend glaube ich zutiefst, dass mich diese Bibelverse auf das folgende Geschehen vorbereiteten. Nicht dass ich die darauffolgenden letzten Schwangerschaftswochen besondere Ängste entwickelte, aber es war ein herausfordernder Moment, der sich in meine Gedanken einprägte.

Vor dem Geburtstermin wollte Jael immer wieder die Geschichte aus dem Buch der Offenbarung aus der Kinderbilderbibel hören, in der beschrieben wird, wie es im Himmel ist, bzw. sein wird. Dass Gott eine neue Welt schaffen wird, die Straßen aus Gold sein werden und dort der Ort ist, wo Gott alle Tränen abtrocknen wird. Es dort keine Krankheiten, Schmerzen und Tod mehr geben wird. Leid und Klage wird es nicht mehr geben. Immer wieder wollte sie diese Geschichte hören. Also schaute ich mit ihr die Bilder an und erzählte ihr, was dort stand.

## Die Geburt (Sonntagmittag)

Die ersten Wehen setzten frühmorgens ein. Zwei Wochen vor dem errechneten Geburtstermin, wie bei Jael. Nichts Aussergewöhnliches. Mein Mann und ich machten uns nach Rücksprache mit der Hebamme relativ zügig auf den Weg ins Spital. Die Hebamme, welche für uns zuständig war, kannte uns von den Geburten von Boas und Jael. An diesem Morgen durfte sie wählen, für welche Gebärende sie die Verantwortung übernehmen wollte. Sie entschied sich für mich. Die Hebamme, mein Mann und ich rechneten damit, dass das Baby wohl gegen Mittag auf die Welt kommen würde. Es ging alles rasch vorwärts. Gegen 11:00 Uhr war der Muttermund bereits voll geöffnet und alles war bereit ...

Trotz Wehenmittel waren wir auch zwei Stunden später keinen Schritt weiter. Das machte mich stutzig. Es war ja nicht das erste Baby, das ich zur Welt brachte. Die Hebamme strahlte, wenn auch mit hochrotem Kopf, immer noch Ruhe aus. Ich beobachtete sie aufmerksam, denn ich spürte, dass ich mich auf sie mehr verlassen konnte als auf die unerfahrene Assistenzärztin, die auch im Raum war. Doch zunehmend fühlte es sich für mich seltsam an. Mein Gefühl sagte mir, dass das Baby schon längst hier sein sollte. Ich stieß kräftemäßig nun wirklich an meine Grenzen. Das kommunizierte ich deutlich. So wurde in der Folge meine Frauenärztin dazugeholt, die ihre Praxis im Spital hatte. Wie ich später vernahm, wollte sie eigentlich bereits am Morgen nach Hause gehen. Aber als sie hörte, dass ich auf der Geburtsstation lag, entschied sie sich noch zu bleiben. Sie in meiner Nähe zu haben, gab mir viel Sicherheit. Ich fühlte mich augenblicklich ruhiger, denn ihre Kompetenz ist sehr groß. Zudem begleitete sie mich auch bei meinen anderen beiden Kindern während der Schwangerschaft und den Geburten. Das stärkte mein Vertrauen in sie.

Rasch wurde klar, dass das Baby mit dem Kopf nicht in den Geburtskanal gelangte und es so zu einem Geburtsstillstand gekommen war. Ein Kaiserschnitt wurde unumgänglich. Meine anderen beiden Kinder hatte ich ohne Kaiserschnitt geboren. Doch ich war bereit dafür. Ich hatte mich nie auf eine bestimmte Geburtsmethode fixiert. So wurde alles vorbereitet. Mir und dem Baby ging es den Umständen entsprechend gut. Daher eilte es auch nicht besonders. Mein Mann begleitete mich in den Operationssaal, alles wurde vorbereitet und das Baby durch die Bauchdecke zur Welt gebracht. Willkommen im Leben kleiner Schatz – unser Micha!

Von einer Sekunde auf die andere wurde es hektisch im Raum. Micha wurde, ohne dass wir ihn sahen, in einen Nebenraum gebracht. Was dann geschah, kann ich nicht wirklich beschreiben. Ich wusste, dass es um Leben und Tod ging! Das sagte uns niemand, aber wir spürten es.

Auf die Frage, wo unser Baby sei und ob wir es sehen dürfen, bekamen wir die Antwort: «Die Ärztin kommt gleich.» Das sagte mir und meinem Mann alles. Mit unserer Erfahrung aus den Pflegeberufen konnten wir zwischen den Zeilen lesen.

*Markus: Für mich brach in diesem Moment eine Welt zusammen. Alle Befürchtungen schienen sich in diesem einen Moment zu bewahrheiten. Noch nie gekannte Ängste überrollten mich und ich zitterte und weinte. Das Sprachenwirrwarr und die Geräusche von medizinischen Geräten aus dem Nebenraum brannten sich in meine Gedanken unwiderruflich ein. Die Ungewissheit, was in diesen Minuten geschah, war unerträglich. Ich konnte nur noch zu Gott fliehen und flehen!*

Gemeinsam beteten wir. Laut. Wir beteten um Gottes Wille in allem. Seine Führung und Klarheit für die Ärzte und die Pflege. Ein Gebet, das ich bis heute nicht bereut habe. Ich wusste instinktiv, dass das der Weg ist, den Gott uns führen will. Vielleicht spielten die Jahreslosungen tief in meinem Unterbewusstsein eine Rolle. Später wies ich mit Bestimmtheit die Mitarbeiter im Operationssaal an, mir mein Mobiltelefon zu bringen. Ein Nein dazu hätte ich nicht akzeptiert. Ich musste mit unserer Pastorenfrau – einer Frau des Glaubens – telefonieren, damit sie mitbeten konnte. Das Telefon wurde mir gebracht und es gelang mir, sie zu erreichen. Kurz darauf telefonierte ich noch mit einer Freundin und sagte ihr, dass mit unserem Baby etwas nicht stimme.

*Markus: Nach einer gefühlten Ewigkeit wurden wir von der Ärztin informiert, dass Micha reanimiert werden musste und sein Zustand sehr instabil sei. Man wisse nicht, wo das Problem liege, aber er müsse mit der Ambulanz auf die Intensivstation des Kinderspitals St.Gallen verlegt werden, um weitere Abklärungen zu machen. In der Zwischenzeit traf der leitende Oberarzt des Kinderspitals mit der Ambulanz ein. Er erklärte mir besorgt, dass eine Verlegung mit dem Rettungshubschrauber nicht infrage kommen würde, da er Micha permanent intensiv behandeln müsse. Das zeigte mir, wie angespannt die Situation war.*

Mehrmals äußerte ich den Wunsch, Micha noch kurz sehen zu dürfen, bevor er weggebracht wurde. Ich wusste durch Blickkontakt, dass meine Frauenärztin diesen Wunsch gehört hatte. Ich glaube heute, dass sie sich für mich eingesetzt hat. Ich wusste, dass es möglich wäre, dass ich ihn sonst nie mehr lebendig sehen würde. Sie kamen schlussendlich meinem Wunsch nach. Es war für alle nicht einfach, denn die Zeit drängte. Die kurze Begegnung mit Micha bedeutete mir sehr viel. Aber sie mussten los ...

Nach der weiteren medizinischen Versorgung des Kaiserschnitts wurde ich ins Spitalzimmer auf der Pflegestation gefahren. Markus begleitete mich. Man überließ mir die Wahl zu entscheiden, ob ich auf der Wöchnerinnenstation liegen wollte oder auf einer anderen Abteilung. So bekam ich ein Einzelzimmer auf der Privatstation. Ich wollte mich in diesem Moment nicht all den Müttern mit ihren Neugeborenen aussetzen. Das wollte ich mir zu diesem Zeitpunkt nicht antun.

An die zeitlichen Abläufe danach kann ich mich nicht mehr erinnern. Die Ärzte und das Pflegepersonal versprachen uns, dass sie uns informieren würden, sobald sie weitere Informationen vom Kinderspital erhielten.

### Die Zeit auf der Intensivstation (Sonntag – Montag)

Am späten Sonntagnachmittag ging meine Schwägerin auf die Intensivstation des Kinderspitals, um bei Micha zu sein. Das bedeutete mir sehr viel, zu wissen, dass jemand Liebes aus der Familie bei ihm ist. Ich konnte es leider nicht sein. Am Abend besuchte mich meine Schwiegermutter, um bei mir zu sein.

*Markus: Im Laufe der Abendstunden rief mich der Oberarzt des Kinderspitals an und bat mich vorbeizukommen, um ein Gespräch über die Situation von Micha zu führen. Mein Vater fuhr mich möglichst rasch nach St.Gallen. Auf der Fahrt konnte ich nur vage erahnen, vor welche möglichen Entscheidungen wir in den nächsten Stunden, Tagen, Monaten ... gestellt würden. Unzählige Gedanken schossen mir durch den Kopf, ich starrte nur so vor mich hin und ich fühlte mich wie in einer Kapsel eingeschlossen – alles nahm ich dumpf, farblos und leer wahr –, und ich hatte Angst.*

*Zuerst durfte ich zu Micha. Was für ein Seiltanz der Gefühle! Ein hübscher, strammer Junge. Gleichzeitig so regungslos und hilflos. Geschätzte 25 Schläuche und Zugänge, die mit Pflaster an seinem Körper fixiert waren. Ich spürte aber trotz allem einen inneren Frieden, dass er sehr gut aufgehoben war und sehr gut nach ihm geschaut wurde. Das folgende Gespräch mit dem Oberarzt und einer*

*Kinderpflegefachfrau hinterließ bei mir einen bleibenden tiefen Eindruck. Ich war berührt von der beispielhaften Menschlichkeit, der einfühlsamen Kommunikation und der fachlichen Kompetenz beider. Behutsam, aber in aller Klarheit erklärten sie mir, was Michas Erkrankung war. Zwei seiner inneren Organe wiesen Fehlbildungen auf. Laut dem Oberarzt würden die nächsten 72 Stunden darüber entscheiden, in welche Richtung es gehe. Er verglich den kritischen Zustand von ihm mit einem rohen Ei, das an einem seidenen Faden hängt, der zum Zerreißen angespannt ist.*

*Die Nacht auf Montag verbrachte ich zu Hause bei den Kindern. Meine Schwiegereltern waren auch bei uns und bezogen das Gästezimmer, um in den nächsten Tagen bei ihnen zu sein. Bevor ich einschlafen konnte, drehte sich in meinem Kopf das Gedankenkarussell. Ich fühlte mich wie ein Boxer, der angezählt am Ringboden lag und ums Überleben kämpfte. Aber nicht nur für mich, sondern gleichzeitig auch für meine Frau und meine Kinder. Vor meinem inneren Auge sah ich plötzlich das Bild von einer verkrampften Hand, die sich langsam löste und sich nach oben öffnete. Dabei wurde mir klar, dass ich «loslassen» sollte, beziehungsweise durfte. Alles in Gottes Hände zu legen und ihn darum zu bitten, dass sein Wille geschehen würde. Währenddessen spürte ich eine innere Zuversicht, dass Gott mir/uns die Kraft geben wird, alles zu (er-)tragen, was auf uns zukommt. Mit diesem Gedanken schlief ich ein und durch.*

Ich schlief an diesem Abend ruhig ein. Als ich nachts einmal erwachte, machte ich das Licht an, betete und las im Andachtsbuch «Ich bin bei dir» von Sarah Young einen Abschnitt. Gott redete durch diese Zeilen stark zu meinem Herzen. Ich spürte innerlich, dass es an der Zeit war, mich damit auseinanderzusetzen, dass Micha sterben wird. Anfangs dachte ich, das könne ich nicht machen. Das wäre, wie wenn ich mein Kind aufgeben würde und nicht mehr daran glauben würde, dass Gott Heilung schenken kann. Zu wissen, dass unsere Familien, Freunde, unsere Kirche und durch die Arbeit meines Mannes rund um die ganze Welt ein Netz von Christen für unsere Situation betete, ermutigte mich. Gleichzeitig wusste ich aber auch, dass wir bereit sein müssen, falls es anders kommt. So legte ich Michas Leben einmal mehr in Gottes Hände und bat ihn darum, dass sein Wille geschehen solle. Daraufhin wurde ich ruhig und schlief bis am Morgen. Für das Spitalpersonal war es «nicht normal», dass ich unter diesen Umständen fast die ganze Nacht durchgeschlafen hatte. Sie waren darüber erstaunt. Am Vormittag wurde mir die Infusion gezogen, ich pumpte Muttermilch ab und nach der Erstmobilisation ging ich kurz ins Badezimmer. Ich konnte kaum stehen.

*Markus: Als mich Boas am Montagmorgen weckte, wollte er gleich wissen, wie es Micha gehe. Ich erklärte ihm, dass wir mit allem rechnen müssten, sprich, Micha auch sterben könnte. Boas machte eine schützende, segnende Geste mit seiner Hand über seinem Kopf und sagte: «Gott hält seine Hand über Micha.» Diese Geste hatte er kurz zuvor im Kindergottesdienst gelernt und als Schattenbildfoto aufgenommen. Seine Ernsthaftigkeit darin war für mich sehr berührend. Im Laufe des Morgens ging ich noch bei Melanie im Spital vorbei und besuchte Micha auf der Intensivstation des Kinderspitals. Zum Mittagessen traf ich mich mit meinem Bruder in einer Pizzeria. Es tat gut, mit Menschen Zeit zu verbringen, die zuhörten, einfach da waren und mit mir aushielten.*

Nach dem Mittag erhielten wir die Nachricht, dass der Zustand von Micha sehr instabil sei und sich zunehmend verschlechtere. Er sprach auf keine therapeutischen Maßnahmen mehr an. Sie wollten, dass wir möglichst zeitnah irgendwie nach St.Gallen kämen, um von Micha Abschied zu nehmen, entweder mit dem Privatauto, wenn ich das schaffe, oder sie kämen mich mit der Ambulanz abholen. Ihr Angebot, mich abzuholen und die Bereitschaft, alles für uns zu organisieren, berührte mich sehr.

Oh, mein Gott! Der gefürchtete Moment des Abschiednehmens von unserem Sohn war nun also gekommen! Ich konnte es nicht glauben und flüsterte vor mich hin: «Jesus, hilf mir!»

Mein Mann half mir in einen Rollstuhl und brachte mich zum Auto. In St.Gallen angekommen, wieder in den Rollstuhl und mein Mann schob mich auf die Intensivstation. Dieser Moment hat sich unwiderruflich in meine Seele eingebrannt. Das Wort «gebrochen» trifft es wohl am besten. Ich weinte aus tiefster Seele.

Auf diesem «schweren Weg» zu Micha wurde mir tief bewusst, dass der Wert und die Würde eines Menschen von Gott gegeben, aber diese sehr wohl angreifbar sind.

Da lag unser Sohn. Ganz ruhig. Ein strammer Junge. Wären da nicht überall Schläuche und Pumpen gewesen, die er «zum Leben» brauchte. Es war schön, bei ihm zu sein, ihn zu sehen, ihn zu berühren. Da gehörte ich mit ganzem Herzen hin. Wir führten ein weiteres Gespräch mit den Ärzten und dem Pflegepersonal. Sämtliche Werte von Micha hatten sich in den letzten Stunden trotz allen Maßnahmen rapide verschlechtert und nichts deutete darauf hin, dass der Tod noch abgewendet werden konnte. So standen wir vor der Entscheidung, sämtliche Therapien zu stoppen und Micha würdevoll in seinen Tod zu begleiten. Behutsam und umsichtig bereitete uns das zuständige Spitalpersonal auf die kommenden Stunden vor.

Bis zuletzt glaubten wir an ein übernatürliches Eingreifen Gottes – im tiefen Wissen «Gott kann» –, und dafür beteten wir. Diese Gebete waren verbunden mit der Bitte aus dem bekannten Vaterunser: «Dein Wille geschehe.» Wir hofften, dass ein Wunder geschehen würde, aber wir waren auch bereit, mit Micha den Weg des Sterbens zu gehen, wenn dies Gottes Wille sein sollte.

**Link:** *«Gott greift ein – oder eben nicht» ab Seite 38*

### Der Tod (Montagabend)

Boas und Jael, unsere Eltern und teils auch unsere Geschwister kamen, um Micha kennenzulernen und zugleich Abschied zu nehmen. Boas kam kurz an Michas Bettchen, wollte da aber nicht lange bleiben. Er ging rasch wieder in den Warteraum. Jael wollte dafür nicht mehr vom Bettchen von Micha weggehen. Als sie dann zurück im Warteraum war, wollte sie nochmals zu Micha. So gingen wir nochmals zu ihm. Sie brauchte diese Zeit – die wollten wir ihr geben. Und dann waren mein Mann und ich plötzlich allein. Alle waren gegangen. Mein Mann stellte mir nochmals die Frage, ob wir Micha wirklich in den Tod begleiten sollten, oder ob wir da an seinem Bettchen Abschied nehmen und ihn so in Erinnerung behalten wollten.

*Markus: Bis zu diesem Moment war für mich das Thema Tod keine Bedrohung und durch meine Kindheit im Alterszentrum und meine Arbeit als Krankenpfleger hatte ich einen schon fast selbstverständlichen Bezug dazu. Aber jetzt ging es um meinen Sohn – unser Kind! Ich hatte Ängste, beim Tod meines eigenen Kindes dabei zu sein. Am liebsten wäre ich davongelaufen.*

Ich kann mich noch gut erinnern, wie ich zu meinem Mann sagte: «Das würde ich mir nie verzeihen. Gerade weil wir die Chance haben, bei ihm zu bleiben. Ich kann diesen Weg nicht jemand anderem an unserer Stelle überlassen.»

*Markus: Für mich war das eine sehr schwierige Entscheidung, aber ich wusste im Innersten, dass es für meine Frau und auch für mich richtig und wichtig war, diese «letzte Meile» mit Micha zu gehen. Aber meine Unsicherheit in der Situation blieb.*

So haben wir uns zusammen dafür entschieden, diesen Weg gemeinsam mit Micha zu gehen. Wir suchten nochmals das Gespräch mit dem Pflegepersonal. Wir benötigten zu unserer Sicherheit noch mehr Informationen, was ihre Erfahrungen betraf. Wie lange dauert der Sterbeprozess bei Kindern in diesem Zustand erfahrungsgemäß? Wird Micha ersticken, wenn er nicht mehr am Sauerstoffgerät angeschlossen ist? Wird er Schmerzen haben? Geben sie ihm noch einmal Schmerzmittel vor der Entfernung der Schläuche? Diese Antworten brauchten wir zusätzlich, um uns darauf einstellen zu können und sie gaben uns zusätzlich Sicherheit, richtig entschieden zu haben. Markus und ich wurden in ein Zimmer gebracht, das so gar nicht nach Spital aussah. Ein normales Bett, ein Tisch und zwei Stühle.

Eine Kinderpflegefachfrau brachte Micha zu uns. Sämtliche Schläuche waren entfernt worden – nur ein kleines EKG, das lautlos die Herztätigkeit aufzeichnete, war angeschlossen. Da lag er nun ganz ruhig, unser kleiner Junge, zwischen uns, auf einem großen Bett. Wie schön dieser Anblick war.

Wir streichelten ihn, sogen seine Nähe auf, versicherten ihm unsere Liebe, beteten und sangen gemeinsam Lieder zu Gott ... bis sein Herz aufhörte zu schlagen, er in unseren Armen starb und zu unserem Vater im Himmel vorausging. Innerlich sah ich in diesem Moment, wie Micha in die offenen Arme von Jesus rannte. Dieses Bild tröstet mich bis heute. Ich bewahre es in meinem Herzen. Mit dem Geschenk dieses Bildes hatte ich nicht gerechnet.

*Markus: Bei seinem Tod in Michas Nähe zu sein, war die richtige Entscheidung. Er durfte ganz ruhig und zufrieden in unserer Nähe von dieser Erde gehen. Uns erfüllte trotz allem in dieser Situation ein übernatürlicher, göttlicher Friede.*

Micha in den Tod zu begleiten, war für uns als Eltern eine einzigartige und kostbare Erfahrung. Wie wären wir um diese Stunden und Erinnerungen betrogen worden, hätten wir diesen gemeinsamen Weg nicht gewählt. Wie dankbar bin ich, dass wir uns dafür entschieden haben.

Micha lebte 30 Stunden.

## Die Tage danach (Dienstag – Freitag)

Zurück im Spital Wil beschäftigten mich die typischen Wochenbettherausforderungen nach einer Geburt. Themen wie die Wundheilung, das abrupte Abstillen und die damit verbundene Sorge, dass ich keinen Milchstau und keine Brustentzündung bekomme. Das alles war im Angesicht der Geschehnisse der letzten Stunden in Vergessenheit geraten und nun mussten wir diesen Dingen sorgsam begegnen. Die Ärzte gaben uns die Freiheit selbst zu entscheiden, wann der richtige Zeitpunkt für mich sei, nach Hause zu gehen. Ich durfte so lange bleiben, wie ich wollte.

*Markus: Ab Tag eins bewegten wir uns im Funktionsmodus. Wir waren mit tausend Dingen beschäftigt, die entschieden und erledigt werden mussten. Was für ein Seelenspagat und welch eine emotionale Überforderung. Die Geburts- und Todesanzeige aufsetzen und verschicken, den Sarg auswählen, die Beerdigung organisieren … und, wer hätte damit zu diesem Zeitpunkt gerechnet, das neue, große Familienauto abholen. Die vielen Begegnungen in dieser Zeit forderten mich stark heraus. Am liebsten hätte ich mich irgendwo «verkrochen», aber da musste ich mit Gottes Hilfe durch! Die Betroffenheit über den Tod eines Kindes war bei allen sehr groß. Der Autohändler, der Friedhofsvorsteher und Leute von der Dorfverwaltung sagten mir später, dass die Begegnung mit mir in dieser Woche einen bleibenden Eindruck bei ihnen hinterließ, da sie über meine Sichtweise, meinen Glauben und meine Ewigkeitsperspektive in allem staunten.*

*Ich war dankbar für die vielen Leute, die mich in dieser Zeit ganz praktisch und mit viel Anteilnahme unterstützt haben. Aber trotz aller helfenden Hände, diese Tage waren für mich eine Wucht!*

Während dieser Zeit mussten wir zudem entscheiden, ob wir einer Obduktion von Micha zustimmen. Wir entschieden uns für ein Nein. Wir sind keineswegs grundsätzlich gegen diese Maßnahme. Doch Michas Körper wurde in den Stunden seines Lebens schon genug «geplagt». Wir wollten ihm die «Ruhe» gönnen. Auch wenn das vielleicht komisch klingt. Ich habe gespürt, dass seitens der Ärztin dies nicht die gewünschte Antwort war. Sicherlich ist es für sie als Medizinerin sowie die Pathologen äußerst interessant, wichtig und hilfreich, in dieser Hinsicht neue Erkenntnisse zu gewinnen. Doch wir blieben freundlich, aber bestimmt bei unserem Nein.

Das Kinderspital gab uns den Auftrag, Kleider für Micha einzukaufen, die sie ihm später im Sarg anziehen wollten. Markus und ich haben uns in der Babyabteilung des Kleiderladens mit der Frage beschäftigt, was wir unserem toten Kind für die Beerdigung anziehen wollten – ein über alles surrealer Moment.

Am Donnerstag fuhren wir erneut nach St.Gallen. Wir durften Micha noch einmal sehen, dieses Mal im Aufbahrungsraum. Da lag er, unser Sohn. In seinen neuen blauen Babykleidern in einem geflochtenen Korb. Wunderschön, anders kann ich es nicht sagen – gleichzeitig unfassbar das Ganze.

Die Spitalmitarbeiterin überreichte uns das Namensschild vom Babybett mit einem Bild von einem großen und einem kleinen Eisbären. Dieses Bild rührt bis heute tief in meiner Seele etwas an. Der große Eisbär scheint so glücklich zu sein. Der Kleine schmiegt sich geborgen an den Großen. Darin sehe ich so viel Verbundenheit und Frieden. So muss sich Micha bei Gott fühlen.

Im Spital Wil wurden wir durch eine Broschüre darauf aufmerksam gemacht, dass in der Folge eines solchen Erlebnisses viele Ehen zerbrechen. Der meistgenannte Grund dafür war, wie unterschiedlich Ehepartner den Verlust verarbeiten und damit umgehen. Wir waren dankbar für diese nüchterne Tatsache. Gab es uns doch die Möglichkeit, gezielt Weichen für uns zu stellen. Markus und ich haben uns noch im Spitalzimmer gegenseitig versprochen, dass wir akzeptieren werden, wie beide mit diesem Verlust umgehen werden, dass wir uns keine Vorwürfe machen werden und haben zueinander gesagt: «Wir wollen diesen Weg gemeinsam gehen und beieinanderbleiben.»

**LINK:** Liedtext «In guten & in anderen Zeiten» Seite 5, «Verbindlichkeit» ab Seite 82

*Markus: Mir wurde in diesem Moment bewusst, dass mein Ja zu Melanie als Ehefrau und mein eheliches Versprechen vor dem Traualtar, in guten und in anderen Zeiten beieinander zu bleiben, gerade in dieser herausfordernden Situation ein zentraler Schlüssel war. Jetzt und in der kommenden Zeit galt es, zusammenzustehen, einander zu tragen und zu unterstützen und alles dafür zu geben, dass ich mich an die Seite meines Lieblingsmenschen stellte. Ich war bereit, für Melanie und unsere Ehe zu kämpfen.*

Täglich kamen Freunde ins Spital zu Besuch, um Anteil zu nehmen. An den Abenden war ich von Freundinnen umgeben. Ihr Dasein tat mir sehr gut, auch wenn ich spürte, dass es auch für sie alles andere als einfach war. Doch dass sie trotzdem kamen und sich dieser Situation stellten, bedeutete mir viel. Natürlich musste ich ihnen alles erzählen, was nicht immer einfach war. Ihre Anteilnahme war aufrichtig und ich spürte, der Schock saß auch bei ihnen tief.

An einem Abend kam meine Hebamme und saß bei mir. Es war ein besonderer Moment. Nie werde ich den einen Satz vergessen, den sie mir sagte: «Michas Leben wird manches mehr bewegen, als das Leben eines 92-jährigen Mannes.» Ich bewahre diese Worte seither in meinem Herzen. Sie wurden zu meinem Gebet.

Gespräche im Kinderspital ergaben, dass es «ein Wunder sei», wie bei Micha alles gelaufen sei, dass er nicht an Ort und Stelle gestorben war, sondern diese 30 Stunden leben durfte. Für uns und unsere Angehörigen waren diese 30 Stunden ganz, ganz wichtig. Im Nachhinein hörten wir dazu so einige interessante Begebenheiten. So bot ein Spitalmitarbeiter – ohne seinen Dienstweg einzuhalten – von sich aus die Ambulanz auf. Er tat es, und somit wurde wertvolle Zeit gewonnen. Meinen großen Dank hat er!

Das Ambulanzfahrzeug und die Mitarbeiter in St.Gallen waren zeitgleich, inklusive der nötigen Spezialausrüstung, für einen anderen Einsatz startklar, als die Nachricht von Wil eintraf. Dadurch konnten sie auf direktem Weg zur Autobahn. Wertvolle Zeit wurde gewonnen. Auf der Fahrt zu uns wurde festgestellt, dass ein wichtiges Medikament für die Behandlung für Micha fehlte. Augenblicklich wurde die Polizei aufgeboten und diese brachten mit Blaulicht und Sirene das benötigte Medikament per «Eilsendung» nach Wil.

Das und vieles andere lief für uns im Verborgenen ab, wurde uns aber später mit Erstaunen sämtlicher Betroffener geschildert. Ich sah darin einen roten Faden, dass Gott über allem die Kontrolle behält. Auch in leidvollen Situationen. Ihm ist alles unterstellt, Sichtbares und Unsichtbares. Für ihn kam das Ganze nicht überraschend. Gott gab mir auf diese Weise Einblick in die unsichtbare Welt, sozusagen «hinter die Kulissen». Das bedeutet mir bis heute sehr viel.

Meine Frauenärztin kam täglich zu mir. Wir hatten ehrliche und wertvolle Gespräche. Bei uns beiden flossen Tränen. Hatte unsere Geschichte auch ihr und dem Spitalpersonal arg zugesetzt und Spuren hinterlassen. Die Betroffenheit der Spitalmitarbeiter war spürbar. Meine Frauenärztin machte sich Vorwürfe, hätte sie doch die Anomalität von Michas Entwicklung beim Ultraschall feststellen sollen. Ich versuchte sie ehrlich zu trösten und sagte ihr, dass alles in Gottes Hand sei. Ich sprach sie von ihrer gefühlten Schuld frei. Auch sagte meine Frauenärztin zu mir: «Frau Giger, ihr Glaube wird ihnen über vieles hinweghelfen.»

Unser Pastorenehepaar kümmerte sich diese Tage sehr herzlich und haltgebend um uns. Sie waren uns diese Tage vor der Beerdigung eine starke Stütze, hörten viel zu, hielten mit uns aus. Waren einfach da, tröstend. Am Vorabend der Beerdigung kam die Frau des Pastors nochmals vorbei, da ich solche Zweifel hatte, ob ich den Tag der Beerdigung packen würde. Ich sah diesen Stunden voller Bangen und Angst entgegen. Als sie an diesem Abend ging, konnte ich ruhig einschlafen.

## Die Beerdigung (Freitag)

Als ich an diesem Morgen erwachte, fühlte ich mich innerlich bereit für den bevorstehenden Tag. Natürlich war ich angespannt, doch ich trug nicht mehr diese große Angst in mir, wie ich wohl diesen Tag überleben würde.

Wir entschieden uns, die Beerdigung im engsten Familien- und Freundeskreis zu halten. Unsere Eltern, unsere Geschwister mit ihren Partnern und vier bis fünf eng befreundete Ehepaare waren dabei. Trotz unseres großen Beziehungsnetzes und der großen Anteilnahme von unzähligen Leuten, war uns dieser Entscheid wichtig. Für eine größere Gruppe hätte meine Kraft nicht gereicht. Vielleicht haben wir damit Menschen vor den Kopf gestoßen. Das mag sein. Doch wir mussten in allem drin unseren Weg wählen.

Der kleine weiße Sarg war von Blumen umringt vor unserer Dorfkirche aufgebahrt. Aber er war verschlossen, ohne Sichtfenster, einfach zu und niemand da, der ihn hätte öffnen können. Ich kannte das aus meiner Zeit als Pflegefachfrau und anderen Beerdigungen anders. Ich war innerlich fassungslos, bestürzt, meine Nerven bis zum Zerreißen angespannt. Ich konnte es nicht glauben, dachte, das kann nicht wahr sein. Ich hätte Micha so gern nochmals gesehen und auf diese Weise Abschied genommen. Das hätte mir viel bedeutet. Ich muss ehrlich sagen, hätte ich nicht innerlich mit Jesus reden können, wäre ich in diesem Moment wohl durchgestartet. So konnte ich die Fassung wahren.

Die Abdankungsfeier wurde mit viel Liebe und Würde abgehalten. Ich kann mich nicht mehr an alle Details erinnern. Gewisse Erinnerungen kamen erst nach Monaten oder noch später zurück. Ich fühlte mich wie betäubt, extrem schwach und innerlich gebrochen. Ich bin dankbar, dass wir die Predigtnotizen, das Liederblatt und sonstige Erinnerungsstücke vom Gottesdienst erhalten haben. Diese haben ihren festen Platz in der «Micha-Box» (siehe Seite 95).

Nach dem Abdankungsgottesdienst gingen wir alle zu Michas Grab vor der Kirche. In unseren ganzen Schmerz hinein fingen unsere Kinder an zu diskutieren, welche Geschenke nun für Micha sind und aufs Grab gelegt werden und welche nicht. Sie waren sich uneinig. Ich versuchte auf meinen Knien zu schlichten und zu verhandeln, aber es war kaum auszuhalten und ich stieß in diesem Moment komplett an meine Grenzen.

*Markus: Das alles war nun Melanie zu viel und sie kniete weinend vor dem Grab. Dies mit anzusehen war für mich kaum zu ertragen. So viel Schmerz, Trauer und Hilflosigkeit als kaum tragbare Last auf meinem «Lieblingsmenschen» zu spüren, war für mich extrem herausfordernd. Zwei Personen mussten Melanie beim Aufstehen behilflich sein und sie stützen.*

*Am Abend brachte ich Melanie nochmals ins Spital, wo sie eine Nacht blieb, bevor wir sie definitiv nach Hause holten. Diese räumliche Trennung war einerseits eine Herausforderung, aber gleichzeitig gab es Melanie und mir auch einen gewissen Raum, um in diesen Stunden einen eigenen Weg zu gehen.*

Die Pflegefachfrau, welche mich an diesem Abend in Empfang nahm, war mir sehr sympathisch. Sie begegnete mir natürlich und menschlich. Sie fragte mich, ob sie mir etwas zu trinken bringen könne. Meine staubtrockene Antwort: «Einen doppelten Jack Daniels bitte!» Noch nie zuvor hatte ich einen solchen getrunken und ich wusste sehr wohl, dass ich im Spital keinen solchen bekomme, aber jetzt war es mir danach. Sie meinte darauf gefasst, mitfühlend und in aller Ruhe: «Oder vielleicht doch einen Orangenblütentee?» Meine Antwort war: «Ja, bitte, soll ja beruhigend sein.» Ich schlief eine weitere Nacht durch.

Das Spitalpersonal habe ich in der ganzen Zeit als sehr zuvorkommend und mitfühlend erlebt. Sie sagten mir wiederholt, dass ich es ihnen durch meine Art einfach mache, mit mir umzugehen. Ich denke, dass Gott mir täglich diejenigen Pflegefachfrauen zur Seite stellte, die ich an diesem Tag benötigte. Es tat gut, das Pflegepersonal um mich zu haben. Sie waren ehrlich fassungslos über das, was wir erlebt hatten, waren aber einfach da und gingen mit mir und uns ein Stück steinigen Lebensweg.

## GLAUBEN in stürmischen Zeiten

Dieses leidvolle Erlebnis hatte uns unerwartet und mit voller Wucht getroffen. Meine Schwiegermutter sprach nach Jahren von einem emotionalen Tsunami, den wir erlebt hatten. Das traf für mich zu. Die Fachleute sprachen von einem Trauma, bzw. von einer massiven seelischen Erschütterung mit Langzeitwirkung. Diese beschäftigte mich noch lange Zeit. Sehr lange vibrierte und wankte alles in meiner Seele. Ich war komplett aus dem inneren Gleichgewicht. Aufgrund des unerwarteten Geschehens hatten wir keinerlei Vorbereitungszeit, um mit der Situation umzugehen, unser Umfeld darauf vorzubereiten und zu überlegen, was uns helfen würde, das Erlebte zu bewältigen.

Das Problem an der ganzen Sache ist, dass sich ein solcher Verlust bei Weitem nicht auf den Tod des Kindes beschränkt, sondern viele ungeahnte Auswirkungen und Folgen mit sich bringt. Hierfür möchten wir sensibilisieren. Mit einem solchen Schicksalsschlag hatte niemand von uns gerechnet. Die folgenden Monate und Jahre waren für uns eine Prüfung für unseren Glauben und unsere Ehe. Eine Zeit, die geprägt war von Sprachlosigkeit, Zweifel und Klagen ... aber auch von Veränderung, Hoffnung und Leben!

### Der Überlebenskampf zu Hause

Unsere Nachbarn informierten wir vor meiner Rückkehr nach Hause schriftlich über die Situation. So wussten sie, warum ich ohne Babybauch und ohne Baby wieder zu Hause war. Wir wollten sie darauf vorbereiten und nicht im Ungewissen lassen. Markus und meine Kinder holten mich im Spital ab. Zum ersten Mal saßen wir zusammen in unserem neuen Auto – aber leider nur zu viert.

Ich hatte solche Angst, wieder Menschen aus der Nachbarschaft, dem Dorf und überhaupt zu begegnen. Noch nie zuvor hatte ich in meinem Leben solche Angstgefühle. Werden die Leute auf mich zukommen, Worte finden, verstummen, tun als ob nichts gewesen wäre oder mir gar ausweichen? Im Spital war ich wie unter einer

«Schutzglocke» gewesen. Es waren Fachleute da. Ich hatte einen abgeschirmten Schutzraum gehabt.

Der Alltag war eine harte Realität und sehr kontrastreich. Ich war nicht darauf vorbereitet. In keiner Weise. Anfangs war ich kaum in der Lage, einen Wochen-Menüplan mit entsprechender Einkaufsliste zu erstellen. Ich war komplett blockiert. Das waren wohl Auswirkungen des Traumas. Ich versuchte einfach zu funktionieren. Irgendwie. Es war gut, dass ich die normalen Routineaufgaben eines Haushaltes hatte. Wäsche waschen, Staub saugen, Bad/WC reinigen ... Das gab mir ein gewisses Maß an Stabilität. Allerdings benötigte ich viel mehr Zeit für alles. Für sämtliche Arbeiten musste ich mich stark konzentrieren und sie forderten von mir eine sehr große Kraftanstrengung.

Hilfreich war zudem, dass mir der Tagesrhythmus von Boas und Jael eine Struktur in meinem Alltag gab. Aufstehen, Essen vorbereiten, Hausaufgaben erledigen ...

Das Leben ging weiter. Wenn nur nicht diese Stille im Haus gewesen wäre. Diese Leere. Zu still. Und doch durch den Kinderlärm wiederum zu laut.

Die Reaktionen in der Nachbarschaft und im Dorf waren wirklich sehr unterschiedlich. Einige umarmten mich, andere suchten unter Tränen die Begegnung und das Gespräch mit mir. Eine Frau sagte mir am Ende unseres Gesprächs: «Melanie, du hast mich getröstet.» Ich erzählte ihr von meiner Hoffnung im Glauben, trotz aller Schmerzen und Fassungslosigkeit. Eine andere Nachbarin äußerte, dass sie froh sei zu wissen, dass wir Halt im Glauben fänden. Ihr war Verlust und Trauer im Leben nicht fremd. Bei einer anderen Frau nahm ich viel Wut gegenüber Gott wahr, denn sie hatte Mitleid mit mir.

Wiederholt bekam ich die Rückmeldung, dass sie unsere schriftliche Vorinformation im Briefkasten geschätzt hatten. Auf diese Weise gaben wir auch ihnen Zeit, den Schock zu verarbeiten und sie erfuhren, was zum Tod von Micha geführt hatte. Das half ihnen. Einige reagierten mit Trostkarten, symbolischen Geschenken wie Gipsengeln oder auch Kerzen. Eine andere Nachbarin schenkte mir das Buch «Den Himmel gibt's echt».

Einige wechselten tatsächlich die Straßenseite oder taten, als wäre ich nie schwanger gewesen. Das tat weh und ich empfand es befremdend.

Die älteren Nachbarskinder taten mir gut. Bei uns im Garten war oft ein Treffpunkt der Quartierkinder. Ihre Natürlichkeit und Unbefangenheit Micha in Gesprächen oder im Alltagsgeschehen «einzubeziehen» waren Balsam für meine Seele. Für sie gehörte Micha mit dazu, einfach auf eine andere Weise. Da war kein betretenes Schweigen ihrerseits. Bei Kreidezeichnungen auf der Straße wurde Micha mit aufgemalt. Das war für mich schön zu sehen. Sie zeigten mir gegenüber wenig Berührungsängste und sprachen mich auch offen auf eine mögliche weitere Schwangerschaft an. Sie brachten Leben und Freude in unsere Nähe. Die Kinder spielten wirklich viel mit Boas und Jael in unserem Garten, was mir etwas Luft gab um durchzuatmen. Sie waren für mich ein Geschenk des Himmels!

Die ersten Wochen gingen einigermaßen vorbei. Jemand brachte uns einmal ein fertig gekochtes Mittagessen vorbei. Da sie kein Auto besaß, transportierte sie dieses mit der Bahn zu uns. Ich musste es nur noch aufwärmen. Eine andere Person kam, um ein- bis zweimal Reinigungsarbeiten zu erledigen. Das alles hat mich tief berührt, auch wenn ich mich plötzlich in der Rolle der Bedürftigen wiederfand. Zu geben ist für mich deutlich einfacher.

Im Gesamten muss ich ehrlicherweise sagen, dass wir sehr spärlich praktische Hilfe vom Umfeld erhielten. Ich glaube, die Menschen waren einerseits zu sehr (mit sich) beschäftigt, andererseits braucht es Mut, sich der eigenen Ohnmacht zu stellen, Berührungsängste zu überwinden und trotzdem Hilfe zu bieten. Oft lässt das Interesse ja nach einiger Zeit nach und die Menschen gehen wieder in den Alltag über. Ich sage nicht, dass ich dafür kein Verständnis habe. Das Leben fordert von allen. Doch in unserem Fall hatten wir von Anfang an kaum Helfer. Ich denke heute, das lag an der Wucht unserer Situation. Viele waren überfordert und dachten, da seien sicher andere präsent und somit war es für sie rasch erledigt. Leider sah die Realität bei uns, und sieht sie auch bei andern mit Verlusterfahrungen, oft anders aus. Mit den Jahren stellte ich fest, dass wir bei Weitem keine Ausnahme waren, die das auf diese Weise erlebten.

*Markus: Einige Tage nach dem Tod des eigenen Kindes wieder voll in den Arbeitsprozess einzusteigen – so wie es das Arbeitsrecht regelt – war für mich eine riesige Herausforderung. Ich hatte über lange Zeit Konzentrationsschwierigkeiten, und Entscheidungen zu treffen, fiel mir schwer. Das kannte ich von mir nicht. Wo ich früher rasch und unkompliziert auch schwierige Entscheidungen getroffen hatte, brauchte ich nun oft Tage, um auf Fragen meiner Mitarbeitenden zu reagieren. Mein Team leistete in dieser Phase Unglaubliches und trug oft zusätzliche Arbeitslast, die ich nicht abarbeiten konnte. Da erlebte ich sehr viel Verständnis und Unterstützung. Ein Freund von mir unterstützte mich in dieser Phase ganz praktisch und ehrenamtlich bei meiner Arbeit. Er war einfach da, mit mir zusammen in der Geschäftsstelle und packte mit an, wo es nötig war. Ich erhielt Anfragen von anderen Leitenden von christlichen Organisationen, ob sie mich praktisch unterstützen konnten. Das war eine große Ermutigung.*

Von unseren Ausbildungen her wussten Markus und ich, welche Phasen man in einem Trauerprozess nach einem Tod durchläuft. Das half uns, unsere Gefühle und Situationen besser zu verstehen. So wussten wir, dass wir gemeinsam auf einem «normalen Weg» waren.

Nach Elisabeth Kübler-Ross, einer bekannten Trauer- und Sterbebegleiterin, durchlaufen Trauernde folgende Phasen: Im ersten Schock will man die Situation gar nicht wahrhaben oder man verleugnet sie sogar. Man ist emotional wie erstarrt und fühlt sich isoliert.

Danach folgt das Aufbrechen der Emotionen. Diese Phase ist geprägt von emotionalem Chaos, von Wut, Zorn, Toben und Schreien. Schuldzuweisungen sind für diese Phase typisch.

Mit der danach folgenden tiefen Traurigkeit sind meist auch Depressionen verbunden. Diese kommt mit der Anerkennung, dass es das «Alte» nicht mehr gibt. Man fühlt sich im «Niemandsland», der Wüste oder im Winter. Eine große innere Leere ist für diesen Abschnitt typisch.

Allmählich findet man sich mit der Situation ab und nimmt sie an. Ganz nach dem Motto: «Es ist, wie es ist.» Diese Akzeptanz ist geprägt von einer positiven Sicht auf die Zukunft und der Erwartung, dass wieder Gutes passiert bzw. entstehen wird.

Trauer ist ein Prozess. Alle diese Phasen müssen durchlaufen werden, will man einen Verlust «sauber» bewältigen. In unserer Kultur wollen wir oft die Instantlösung. Es muss rasch gehen Trauernden wird in unserer Leistungsgesellschaft in der Regel zu wenig Zeit zugestanden, um eine solche Situation zu bewältigen.

Zwischen und während den Phasen geht es vorwärts und rückwärts. Rauf und runter. Immer wieder Schritte vorwärts, aber auch zurück. Jede Person geht diesen Weg in ihrem Tempo. Das wiederum ist eine große Herausforderung als Ehepaar und als Familie. Eine Freundin sagte einmal zu mir: «Es ist, als ob beide Elternteile auf dem Meer im Sturm ums Überleben kämpfen und versuchen müssen, sich dabei nicht aus den Augen zu verlieren.» Das ist treffend ausgedrückt.

*Markus: Ich fasste für mich relativ rasch den Entschluss, alles daranzusetzen, möglichst zeitnah wieder zurück in der Normalität zu sein. Ich wollte zurück «ins Leben». Diese leidvolle Lebensphase abhaken und einen Strich darunter zu ziehen. Ich sagte oft zu mir: «Das sind jetzt schwierige Wochen und Monate, aber wenn wir da wieder raus sind, dann ist es gut.» Ich rechnete und hoffte auf ein Jahr – mehr nicht.*

Ich schleppte mich von einem Tag zum anderen. Ganz schlimm wurde es, als nach etwa fünf bis sechs Wochen meine Schockphase nachließ und die Emotionen durchbrachen. Zuvor konnte ich alles noch relativ sachlich, nüchtern und mit einer gewissen Distanz betrachten, war wie in Watte gepackt, oder anders ausgedrückt: Die Gefühle waren erstarrt. Diese erste Phase war wichtig für mich. So konnte ich wichtige Weichen stellen, fernab vom Gefühlsstrudel. Zu Gott sagte ich in dieser Phase: «Ich bleibe bei dir. Du hast uns Micha gegeben und ihn wieder genommen. Du bist Gott.» Ich zweifelte nicht an Gottes Allmacht und dass er einen Plan für mein Leben hat. Diese Wahrheiten blieben für mich unantastbar. Vieles andere wurde fragil.

Als meine Gefühle in voller Wucht durchbrachen, war ich mir da plötzlich nicht mehr so sicher. Zweifel ergriffen mich. Meint Gott es wirklich gut mit mir? Weiß er, was er tut? Warum hat er nicht übernatürlich eingegriffen und Heilung geschenkt? Er hätte es doch einfach tun können!

## IMPULS: «Gott greift ein – oder eben nicht»

Die täglichen Schlagzeilen sind voll von Elend und damit verbunden mit leidvollen Situationen von so vielen Menschen. Krankheit, Tod, Unfälle, Armut, Krieg, Flucht, Hunger, Missbrauch ... Mit dem Blick auf all dies steht die Frage «Wo ist Gott in all dem Elend?» oder «Warum lässt Gott das zu?» unweigerlich im Raum.

Leid gehört zu unserer Welt und zu unserem Leben – auch als gläubige Christen. Dem Leid kann niemand entrinnen. Da nützt ein dicker Geldbeutel oder ein Adelstitel auch nichts. Entweder werden wir mit dem Leid fertig oder das Leid macht uns fertig.[1] Vielleicht bist du, liebe Leserin, lieber Leser, selbst von einer leidvollen Situation betroffen. Persönlich mittendrin oder als Angehörige, Freund/in mit dabei. Vermutlich hast du in dieser Situation schon unzählige Male Gebete des Glaubens und Worte der Hoffnung in dieser Situation ausgesprochen ... aber es scheint nichts zu geschehen. Ein Kampf zwischen Hoffnung, Glaube, Zuversicht und Zweifel, Sorgen und Ängsten.

Ja, wir glauben an einen liebenden, allmächtigen Gott, der diese Welt geschaffen hat, alle Naturgewalten im Griff hat, Tote auferwecken kann (auch heute noch!) ... und alles in seiner Hand hält! Ein Wort von Gott oder sein übernatürliches Eingreifen könnte eine solche Situation so rasch zum Positiven verändern und die leidvolle Betroffenheit in überschwängliche Freude verwandeln. Und doch fanden wir uns persönlich in einer Situation wieder, die unweigerlich grundlegende Fragen an unseren Glauben mit sich brachte. Ja, es ist ein Spannungsfeld! An den allwissenden, allherrschenden Gott der Bibel zu glauben und den Tod des eigenen Kindes zu erleben. Warum griff Gott nicht ein? Warum mussten wir das alles erleben?

Es ist wichtig, dass wir das auch vor dem biblischen Hintergrund verstehen und einordnen können. Nicht im Schönreden, nicht mit frommen Floskeln, sondern im Verstehen von Gottes Wirken in dieser Welt.

### Mit Gott GESCHICHTE erleben

Mit einem Blick in die Apostelgeschichte der Bibel sehen wir wunderbar, wie der Autor Lukas die Weltgeschichte mit Hungersnöten und Christenverfolgung, mit Gottes Geschichte und Handeln verbindet.

Nach der Geburt, dem Wirken, dem Tod, der Auferstehung und der Himmelfahrt von Jesus verbreitete sich die gute Nachricht von Gottes Liebesangebot, und christliche Gemeinden mit vielen Gläubigen entstanden im ganzen Land.

### Mit Gott LEID erleben ➔ Apg 12,1-2

Zwei kurze Sätze berichten vom Tod von Jakobus! Nicht das erste Mal stirbt ein Jesusnachfolger den Märtyrertod (siehe auch Apg 11,19-26). Jetzt hat es Jakobus erwischt ... kein Satz über die Angehörigen und die nahestehenden Gläubigen. Wer sein Leben in die Hand Gottes gelegt hat, wer ihm vertraut und alles von ihm erwartet und dann solche Dinge erlebt, die er weder verstehen noch verkraften kann – das geht an den Nerv.[3]

*«Wir wissen nicht, warum Gott nicht eingreift. Aber wir wissen, dass er da ist und unsere Schmerzen und unser Leid mitleidet.»*
Peter Hahne[4]

Wir Gläubige werden nicht auf das Jenseits vertröstet, sondern wir werden aus dem Jenseits getröstet! 5 Auf die gängige Frage «Wo ist Gott in solchen Situationen?» gibt es für uns eine Antwort: Mittendrin und mit dabei!

**Mit Gott WUNDER erleben ➜ Apg 12,3-11a**
Den zwei Versen über den krassen Tod von Jakobus folgen acht Verse über Gottes übernatürliches Eingreifen bei Petrus. Mit dem sicheren Tod vor Augen schläft Petrus seelenruhig im Gefängnis. Ein solcher Friede, eine solche Ruhe in einer ausweglosen Situation ist ein Wunder!

*«Selbst wenn meine Kräfte schwinden und ich umkomme, so bist du, Gott, doch allezeit meine Stärke.»*
Psalm 73,26a (HfA)

Aus menschlicher Sicht schienen die Gebete der Gemeinde wirkungslos zu sein. Aber Gott handelte im Verborgenen. Er gab Petrus Ruhe und Frieden. Erst im Rückblick wird allen klar, was passiert ist. Wenn Gott eingreift, kann keine Macht der Welt ihn daran hindern! Gott hat im Leben von Petrus ein Ausrufezeichen inmitten von Schwierigkeiten gesetzt.

**Mit Gott ÜBERRASCHUNGEN erleben ➜ Apg 12,12-15a**
Bereits in Vers 5 und jetzt in Vers 12 lesen wir, dass die christliche Gemeinde versammelt war und gemeinsam betete. Als sie Gottes Eingreifen hautnah erlebten, waren sie überrascht und suchten nach Erklärungsversuchen. «Bist du verrückt?», war eine mögliche Begründung. «Das muss ein Engel sein!», ein übersinnlicher

Erklärungsversuch. Aber mit einer Gebetserhörung auf göttliche Art hatten sie nicht gerechnet!

Trauen wir Gott wirklich zu, worum wir beten? Oder beten wir einfach und akzeptieren wir die Situation wie sie ist?

Ist ein möglicher Grund für die Kraftlosigkeit unserer Gebete darin zu suchen, dass wir es selbst nicht für möglich halten und glauben, dass Gott unsere Gebete erhört und in seiner übernatürlichen Macht handelt? Eine überlieferte Geschichte aus dem frühen Amerika bewegt uns diesbezüglich immer wieder:

Vor rund 50 Jahren herrschte eine monatelange Dürre im Mississippi-Delta. Die lebenswichtige Weizenernte und die Existenz der Farmer waren bedroht. So entschlossen sich die Farmer, sich gemeinsam in einer Scheune zum Gebet zu versammeln. Gemeinsam wollten sie Gott um Regen und die Rettung ihrer Ernte bitten. Ein Farmer unter den versammelten Männern stach heraus. Er war der Einzige, der Gummistiefel angezogen hatte. Er rechnete mit dem unmittelbaren Eingreifen Gottes – er erwartete, dass er auf nassem Boden den Heimweg antreten konnte!

Was für ein Mann des Glaubens! Er wurde für uns zum Vorbild.

## Gott greift ein – oder eben nicht!

Jakobus = Gott greift nicht ein. Petrus = Gott greift übernatürlich ein! Für Gott ist nichts unmöglich! Gott erhört unsere Gebete! Er kann übernatürlich eingreifen, tut dies aber nicht immer! Beides ist Realität. Wie passt das zusammen? Wie gehen wir mit dieser Diskrepanz um?

Im «Vaterunser» beten wir: «Dein Wille geschehe ...» Das soll die Grundlage unserer Gebete sein – auch in leidvollen Situationen. Sein Wille soll geschehen! Und wir tun gut daran, dass wir unsere Bitten um sein übernatürliches Eingreifen im Glauben – mit Gummistiefeln an den Füßen (symbolisch gemeint) – vor ihn bringen. Wer wäre Gott, wenn wir ihn mit unserem menschlichen Denken und Verstehen voll erfassen könnten? Er wäre nicht mehr Gott. Es gibt die verschlossenen Pläne Gottes, die undurchschaubaren Entscheidungen und schweigenden Seiten. Er ist kein Geldautomat: Wir bestellen und kriegen genau die bestellte Leistung!

Wir tun gut daran, wenn wir verstehen und entdecken: Wir können mit Gott leben, ihm vertrauen und ihn lieben, auch wenn wir ihn nicht verstehen! Wo das Erkennen Gottes und das Suchen seiner Nähe zur Mitte unseres Glaubens wird, dort geht es mir um ihn und nicht länger um mich und mein Erklärungs- und Kontrollbedürfnis.[6]

Dann liebe ich Gott auch in Lebensumständen, die nicht ideal sind, berge mich in seiner Gegenwart und liebenden Zuwendung. Wir wollen Erklärungsversuche, Gott will unser Vertrauen – in allen Situationen. Weil er uns liebt, kommt er mit uns durch alles hindurch! Wo ist Gott? Mittendrin!

*«Nicht Zeit heilt alle Wunden, sondern Trost aus der Ewigkeit!»*
Peter Hahne[7]

## Der Schmerz und das Klagen

Auf diesem steinigen Weg, auf dem mein Mann und ich unterwegs waren, entdeckten wir das Klagen bei Gott als einer der Schlüssel zurück ins Leben. Ich klagte, und wie ich das tat! Gott schien so fern zu sein. Sein Schweigen empfand ich als befremdend. Es machte mich wütend! Ich war so enttäuscht von Gott. Anfangs wagte ich das kaum zu flüstern. Später schrie ich es ihm lauthals entgegen. Ich hämmerte mit den Fäusten gegen die Wände. Der eine oder andere Gegenstand ging in die Brüche. Ich sage nicht, dass ich darauf stolz bin. Ich kannte mich teilweise selbst nicht mehr. Das war sehr beschämend und demütigend. Es war alles andere als schön, verstärkte meine Not zusätzlich. Mein Alltag wurde zur Bedrohung für mich. Ich war oft völlig verzweifelt. Ich hielt es fast nicht mehr aus. Ich fühlte mich von Gott verlassen. Damit hatte ich nicht gerechnet.
Mein Leben und Glaube waren jetzt bis auf die Grundfesten er-

schüttert. Vieles stand auf dem Prüfstand. So auch mein bis dahin ernsthaft gelebter Glaube. Warum ich? Warum wir? Warum lässt Gott Leid zu? All diese Fragen drängten sich ungebeten plötzlich auf. Sie waren einfach da. In einer nie geahnten Wucht.

Es gab Personen, die von meinem Klagen vernommen hatten, die mir sagten: «So kannst du nicht mit Gott reden!» Ach ja? Wirklich nicht?

Ich habe es trotzdem getan. Ich wusste, wenn ich nicht grundehrlich zu Gott bin, werde ich mein Herz ihm gegenüber verschließen, auf Distanz gehen und irgendwann vielleicht von Gott weggehen. Oder aber irgendwie nach außen hin bei Gott bleiben, aber dem Glauben gegenüber tief misstrauisch und zynisch werden. Das wollte ich nicht. Die Ehrfurcht, welche ich vor Gott habe, hielt mich auch beinahe vom Klagen ab. Trotzdem entschied ich mich dafür. Es war für mich der ehrliche Weg.

Mit dem Aufbrechen meiner Gefühle und mit all den Fragen wurde mir bewusst, dass ich zur Unterstützung Hilfe von außen brauchte. Über Umwege entstand der Kontakt zu einer individualpsychologischen Beraterin mit Zusatzausbildung in der Traumabewältigung. Anfangs fragte sie mich, ob ich mich als suizidgefährdet einschätze. Ich dachte mir: «Um Himmels willen, steht es so schlecht um mich?» Dies konnte ich, Gott sei Dank, klar verneinen. Ich wusste, dass das keine Option für mich ist. Die Gespräche mit dieser Beraterin wurden für mich zu einer Stütze. Und doch ging ich nicht allzu oft zu ihr. Die Betreuung für Jael zu organisieren, im Anschluss an das Gespräch sie aufgewühlt wieder abzuholen und zurück in den täglichen Überlebenskampf des Haushalts und der Kinderbetreuung zu finden, war für mich eine zusätzliche Belastung.

*«In der Stunde, da Schwierigkeiten ihn bedrängen,
die Wellen über ihm zusammenschlagen und
das Rauschen von Gottes gewaltigen Wasserstrudeln ihn betäubt,
erfasst der Jünger, was seines Meisters, ‹Folge mir nach› bedeutet.»*
Oswald Chambers[8]

Ich sagte zu Gott: Ich werde dich prüfen, ob du Bestand hast, ansonsten bist du es nicht wert, dass ich dir nachfolge. Ich meinte es ernst. So wurde mein tägliches Gebet und meine Willensentscheidung der Psalm 73,28a:

*«Ich aber darf dir immer nahe sein, das ist mein ganzes Glück.»*
(HfA)

Für mich formulierte ich diese Entscheidung: «Dennoch bleibe ich stehts bei dir.» Ja, der ganze Psalm tröstete mich.

Ich ackerte mich täglich durch den Alltag. Abends, wenn die Kinder im Bett waren, nahm ich mir Zeit zu trauern. Daraus bestand weitgehend mein Alltag. Trostlos, leer, überlebend. Ja, ich fühlte mich innerlich wie in der Wüste. Die Öde, die Einsamkeit und die Ziellosigkeit machten mir zu schaffen. Ich war immer ein zielgerichteter Mensch. Jetzt war ich so weit weg vom wirklichen Leben. Abgekämpft. Müde. Ja auch irgendwie resigniert. Komme ich da jemals wieder raus? Ich fühlte mich wie im Winter. Erstarrt, karg, leblos, mit großer Sehnsucht nach Frühling, Aufblühen. Nach pulsierendem Leben. Neuem. Doch es war nichts Greifbares da. Aushalten, aushalten. Wie lange noch?

Für mich war der Herbst meine Lieblingsjahreszeit. Die fallenden Blätter, das Rascheln von Laub bei meinen Waldspaziergängen, der teilweise etwas stärkere Wind, das Farbenspiel der Herbstblätter. Herrlich. Wie ich es liebte! Doch durch den gefühlten Winter über lange Zeit in meiner Seele, habe ich so sehr den Frühling herbeigesehnt. Wann endlich hat die Kälte, dieser eisige Zustand ein Ende? Wann endlich darf wieder Leben aufbrechen? Neues wachsen? Seither ist der Frühling meine liebste Jahreszeit. Ich liebe es, wenn das Gras und die Blumen sprießen und wachsen, Frühlingsduft und Wärme in der Luft liegen. Die Sonne mit Kraft ins Gesicht scheint. Pulsierendes Leben spürbar ist.

*Markus: Den Überlebenskampf und das Klagen von Melanie hautnah in unserem Alltag mitzuerleben, war für mich eine große Herausforderung. Ich versuchte an allen Ecken und Enden zu kompensieren. Wollte ihr den nötigen Freiraum schaffen, um zu trauern, zu verarbeiten und das Leben wieder zu entdecken.*

*Ich wollte schnellstmöglich wieder zurück ins «normale Leben». Dieses leidvolle Kapitel unseres Lebens abschließen. Nach vorne schauen. Aber ich wusste auch, dass ich meine Frau mit meinem Tempo nicht überfordern durfte. Wir hatten uns dafür entschieden, dass jeder seinen Weg gehen darf und wir uns gegenseitig bestmöglich dabei unterstützen.*

*In dieser Zeit fand ich auf meine Weise zwei Wege, um zu klagen. Ich besuchte einen Golfkurs und fing an zu trainieren. Mit voller Wucht meine Sorgen und Ängste zusammen mit einem Gebet den kleinen weißen Ball in die Ferne zu schmettern, war befreiend. Die Ruhe und das Alleinsein auf dem Green taten mir gut. Zudem ging ich oft spät abends, wenn der Rest der Familie im Bett war, in den Wald und machte ein Feuer. Dabei verbrannte ich viele negative Gedanken und meine Klagen verbunden mit Gebeten.*

In dieser Zeit lernte ich in der Spielgruppe eine Pastorenfrau aus dem Dorf kennen. Sie ist in meinem Alter und ebenfalls Mami von drei Kindern. Sie hat eine ausgeprägte Stärke in der Seelsorge. Sie trat an meine Seite und blieb es all die Jahre über. Zusammen mit ihrem Mann und den Kindern sind sie uns liebe und verlässliche Freunde geworden.

Was sie für mich tat und ist, lässt sich nicht ausreichend in Worte fassen. Ich erlebte sie sehr präsent, die Worte sehr gewählt, trostspendend, geduldig, ermutigend, belastbar in der Begleitung. Auch als vieles fragil war. Sie hielt dies mit mir und uns aus.

Weil diese Begegnungen mit ihr nah im Alltag stattfinden konnten, waren sie in meine Lebenssituation einfacher integrierbar als die Extra-Termine bei meiner psychologischen Beraterin. Ich stellte zudem fest, dass bei mir theologische Themen im Vordergrund standen. Ich glaube gerne, dass Gott sie mir an die Seite gestellt hatte.

## IMPULS: «Klagen wie Hiob»

*«Ihr Menschen, vertraut ihm (Gott) jederzeit, und schüttet euer Herz bei ihm aus! Gott ist unsere Zuflucht.»*
Psalm 62,9 (HfA)

*«Herr, du hast mir alles gegeben, du hast mir alles genommen, dich will ich preisen!»*
Hiob 1,21 (HfA)

Die Bibel beschreibt uns Hiob einerseits als gottesfürchtigen, rechtschaffenen und aufrichtigen Mann. Andererseits erlebte er persönliches Leid wie vermutlich fast keine andere Person. Als für ihn praktisch alles zusammengebrochen war und er fast alles verloren hatte, saß er körperlich gezeichnet auf einem Aschehaufen und versuchte sich mit Tonscherben seine offensichtliche Krankheit von der Haut zu kratzen. Kaum vorstellbar – ein Mann Gottes, mitten im Elend!

### Wie hat Hiob darauf reagiert? Was tat er?

Er klagte Gott sein Leid. Hiob ließ Gott nicht los. Er schimpfte nicht bei Dritten über Gott. Er wählte den Direktkontakt und schüttete sein Herz bei Gott aus:

*«Ausgelöscht sei der Tag, an dem ich geboren wurde.»*
Hiob 3,3 (HfA)

*«Warum nur lässt Gott die Menschen leben?»*
Hiob 3,20 (HfA)

*«Ich sehe nur noch Dunkelheit.»*
Hiob 3,23 (HfA)

*«Ohne Ruhe und Frieden lebe ich dahin,*
*getrieben von endloser Qual.»*
Hiob 3,26 (HfA)

*«Ach könnte mein Schmerz doch gewogen werden! Legte man doch mein Elend auf die Waage! Es wiegt schwerer als der Sand am Meer, und deshalb sind meine Worte so unbeherrscht.»*
Hiob 6,2+3 (HfA)

*«Ich bin völlig hilflos und weiß nicht mehr aus noch ein!»*
Hiob 6,13 (HfA)

*«Nein, ich kann nicht Schweigen! Der Schmerz wühlt in meinem Innern. Ich lasse meinen Worten freien Lauf, ich rede aus bitterem Herzen.»*
Hiob 7,11 (HfA)

*«Mein Leben ekelt mich an! Darum will ich der Klage freien Lauf lassen und mir die Bitterkeit von der Seele reden.»*
Hiob 10,1 (HfA)

*«... und schreie laut um Hilfe. Mein Heulen klingt wie das der Schakale.»*
Hiob 30,28 (HfA)

Hiob nahm seinem Gott gegenüber kein Blatt vor den Mund.

Er «kotzte» sich richtig bei Gott aus – ja, er macht ihm sogar Vorwürfe. Ungefiltert, nicht schönredend und ohne fromme Floskeln kommt er zu Gott und schüttet sein Herz vor ihm aus. Am richtigen Ort! Solches Klagen, dieses «vor Gott kommen» mit allem

Leid und aller Trauer, kennen wir auch von anderen biblischen Personen – z. B. von David oder Jeremia. Oder lies einmal die Klagelieder. Alles Texte von Menschen, die vor Gott kommen und ihr Leid Gott hinlegen und offen sagen, wie sie sich in ihrer Hilflosigkeit fühlen. Gott selbst wollte, dass all diese schweren Texte in seinem Wort, der Bibel, aufgeschrieben sind. Er will, dass alle wissen, dass man ehrlich vor ihm sein darf – auch in schwierigen Umständen. Gott verlangt von uns nicht, dass wir in solchen Situationen die frommen, die schönen Worte und die gehobene Sprache hervorkramen. Er wünscht sich grundehrliche Menschen, die ungefiltert kommunizieren. Gott kommt mit unseren Klagen zurecht, weil er ein liebender Gott ist! Egal in welchen Umständen wir uns befinden.

**An einer Tatsache hielt Hiob in all seinen Umständen fest:**
Gott ist allmächtig – Gott ist Gott! > siehe z. B. Hiob 23,13
In der Bibel lesen wir über fünfzigmal, dass Gott allmächtig ist – allein im Buch Hiob über dreißigmal!

Gott ist allmächtig, gerade in den Situationen, in denen es uns am schwierigsten fällt, dies aus menschlicher Sicht anzunehmen. Gott ist allgegenwärtig. Wo ist Gott im Leid? Mittendrin! Wo ist er nicht?

Und Gott ist allwissend. Er hat die Pläne, er hat die Sicht, er hat die Perspektive. Er kennt unsere Gedanken und unsere Herzen. Er weiß wozu. Die Kernfrage ist letztlich: Vertraue ich Gott? Auch in leidvollen und schwierigen Zeiten? Vertraue ich auch da, dass er Gott ist? Dass er allgegenwärtig, allmächtig und allwissend ist? Ja, mehr noch, dass er weiß, was er tut?

Hiob vertraute Gott! Er schüttete vor seinem Gott sein Herz ehrlich aus und er wartete auf eine ehrliche Antwort von seinem Gott.

Über siebenunddreißig Kapitel lang lesen wir, was Hiob tat.

Dann plötzlich:

*«Dann aber redete Gott mit Hiob!»*
Hiob 38,1a (HfA)

**Ob Hiob wohl noch damit gerechnet hat?**
Wir glauben, dies war ein entscheidender Moment, an dem Gott Hiob begegnet ist – ihm persönlich. Nach diesem langen, langen Schweigen, redet Gott (endlich) mit Hiob. Dieses Reden Gottes hat bestimmt Hiob zutiefst berührt und hat in ihm etwas wiederhergestellt. Es ist ein heiliger Moment, von Gottesnähe geprägt. Eine Begegnung, die Hiob wohl sein Leben lang nicht vergessen hat.

Gott gab Hiob keine Erklärung für seinen Weg, für sein Leiden oder seine Lebensgeschichte. Hiob weiß bis an sein Lebensende nichts von den Hintergründen oder von Gottes Absichten. Das Einzige, was Gott in dieser Situation gemacht hat, war: Er beschrieb Hiob, wer er ist! Er hat ihm gezeigt, dass er der Schöpfer der Welt und der Menschen ist und dass er alles im Griff hat > Hiob Kapitel 38.

Er führt Hiob in die Tiefe seines Wesens. Er stellt Hiob Fragen. Viele Fragen. Und je länger Gott redet, umso mehr realisiert Hiob, dass er eigentlich keine Ahnung hat. Er erkennt seine menschliche Begrenztheit auf der einen und Gottes Größe auf der anderen Seite. Er erlaubt Gott, seinen bis anhin bekannten Denkhorizont zu sprengen. Dieser führt Hiob in die Weite.

Je länger Gott so zu Hiob redete, umso mehr merkte er: Gott ist Gott und Menschen sind Menschen. Als ob Gott ihm in diesen Versen aufzeigen will: «Schau Hiob – wenn du schon im Natürlichen vieles nicht verstehst und keinen Schimmer hast, wie alles funktioniert (Sonne, Mond, Sterne), wie willst du da erst verstehen, was in der geistlichen, unsichtbaren Welt geschieht?»

Nach zwei Kapiteln, in denen Gott so zu Hiob gesprochen hat, fiel dieser auf die Knie und sagte: «Gott, du bist souverän, Gott du bist heilig und dir gebührt die Ehre – vor dir habe ich Ehrfurcht!»

Er brachte so zum Ausdruck, dass es keine Rolle mehr spielt, in welcher Situation er gerade ist, sondern dass er Gott anbeten will, für das, was er getan hat – als Schöpfer, als Gott ... in seinem Leben. Er sagte Ja zum Weg, den Gott ihn führte: Du bist Gott in meiner Situation!

Hiob hielt an der Beziehung mit Gott fest. Er blieb und Gott blieb! Hiob machte die Erfahrung: Gott hält alles aus. Er ist der Fels und der Leuchtturm im Sturm. Die Ehrlichkeit, mit der Hiob Gott begegnete und wie Gott ihm in seiner notvollen Situation begegnet ist, macht Mut, ist befreiend und wohltuend.

**Drei Wahrheiten und Lügen zum Klagen:**

**1. Klagen ist geistliches Beten, Bitten und Flehen ...**
**... nicht ungeistliches Jammern.**
Leider wird Jammern und Klagen umgangssprachlich oft gleichgesetzt und so das Klagen entsprechend negativ bewertet oder gar als ungeistlich abgetan. In Wahrheit sieht es anders aus.
Der Jammernde hat eine negative Sicht und Grundhaltung. «Ich Ärmster, nur mir passieren immer schwierige Situationen. Allen anderen geht es besser.» Es ist eine «Kopf-in-den-Sand-steck»-Mentalität. Also letztlich ein passives Verhalten. Der Klagende weiß um seine reale Not und geht damit zu Gott. Er weiß, wo letztlich Hilfe zu finden ist. Er bleibt aktiv. Seine Sichtweise ist: «Ich will leben! Trotz allem!»

**2. Klagen ist Ausdruck unserer Beziehung zu Gott ...**
**... nicht ein Ausdruck unserer Distanz zu ihm.**
Klagen wird leider oft mit «distanziert zu Gott» gleichgesetzt – nach der Art: «Wer wagt es, so mit Gott zu reden?» Das schafft doch wohl nur Distanz. Deshalb wird oft der Weg des «den Schmerz runterschlucken» oder «Deckel drauf» gewählt. Man

tut so, als ob nix wäre. Die Wahrheit ist, wer klagt, lebt eine Beziehung zu Gott, die ehrlicher und aufrichtiger nicht sein kann. Da, wo ich klage, ist Gott. Es ist ein Ausdruck des Vertrauens auf ihn.

### 3. Klagen offenbart unseren Glauben …
### … nicht unseren Unglauben.

Leider ist auch oft die Annahme verbreitet, Klagen sei Ausdruck unseres Unglaubens. Die Wahrheit ist, Klagen ist Ausdruck von Glaube und Hoffnung. Dieses Vertrauen, dass Gott die Kontrolle hat und er, auch in einer leidvollen Situation, eingreifen kann. In Psalm 13 hat das Klagen vor Gott die Form des «Ringens». «Wie lange noch Herr?» Das ist ein Eingeständnis: «Herr ich brauche dich! Ich lasse dich nicht los! Immer noch vertraue ich auf dich!» Klagen hilft auf dem Weg, bis man wieder klarer sehen kann, eine neue Perspektive gewonnen hat und sich ein Weg aus dem Sturm abzeichnet.

In Offenbarung 5,8 steht, dass Gott all unsere Gebete im Himmel in goldenen Schalen sammelt. Sie verrauchen nicht irgendwo auf dem Weg zu ihm. Gott wirft sie auch nicht achtlos beiseite. Er nimmt den Menschen ernst in seinen Sorgen, Kämpfen und Leiden. Er nimmt Anteil daran. Das ist tröstlich.

## Der erste Todestag und das zweite Jahr

Mit viel Bangen und Angst blickte ich dem ersten Todestag entgegen. Wie sollen wir ihn als Familie gestalten? Was kommt bloß auf mich zu? Unsere Kinder hätten gerne eine Geburtstagsparty für Micha gefeiert. Diese Vorstellung fand ich sonderbar und es sträubte sich in mir der Gedanke, an diesem Tag zu feiern. Gemeinsam entschlossen wir uns, zusammen Eislaufen zu gehen, Bilder für Micha zu malen und gemeinsam zu seinem Grab zu gehen. Seither nennen wir diesen Tag nicht mehr Todestag, sondern Micha-Tag. Eine liebe Freundin brachte mir ein Windlicht und eine Karte vorbei. Sie dachte an uns und ließ es mich wissen. Wie tröstlich.

Kurze Zeit später kam ich kräftemäßig und emotional an den Tiefpunkt. Mein eigentlicher Zerbruch. Die ganze Trauerarbeit kostete mich so viel Kraft, und ich schaffte meinen Alltag einfach nicht mehr. Ich stieß überall an meine Grenzen. Im Nachhinein denke ich, vermutlich wäre es hilfreich gewesen, wir hätten von Fachleuten Erfahrungswerte über die Dauer der Verarbeitung im Voraus gehört. Dann wäre wohl klar herausgekommen, dass es ein langer, wirklich langer Weg sein kann.

*Markus: Ich hatte gehofft und mich innerlich darauf eingestellt, dass nach rund einem Jahr die Trauerphase von Melanie vorüber sei und wir wieder langsam das Leben gemeinsam genießen könnten. Einzelne kleinere Anzeichen zeigten sich, aber dann kam dieser totale Tiefpunkt. Die damit schwindende Hoffnung auf baldige Besserung, die für mich kräftezehrenden letzten Monate und meine beruflichen Aufgaben brachten nun auch mich an meine Grenzen. Ich schaffte es selbst nicht mehr, noch mehr zu übernehmen und «alle Bälle gleichzeitig am Fliegen zu halten». Etwas musste sich ändern! Ich konnte nicht mehr länger alles und überall kompensieren und allem und allen gerecht werden. Der Spagat, mich um meine Frau, die Kinder, den Haushalt zu kümmern und meine beruflichen Aufgaben zu meistern, wurde für mich zu einer zu großen Belastung. Etwas musste sich ändern – erst recht, wenn das noch länger so sein würde.*

So entschieden wir uns nach Absprache mit der Frauenärztin für eine Haushaltshilfe von der Spitex, die uns im Alltag unterstützte. Meine psychologische Beraterin empfahl mir zudem zu prüfen, ob allenfalls Medikamente zur Stabilisierung meiner Psyche nötig wären. Dies bedeutete einen Besuch bei einem Psychiater, da dieser ein solches Medikament verordnen darf, im Gegensatz zu ihr. Ich wurde via Frauenärztin bei einem spitalinternen Psychiater angemeldet. Das Gespräch verlief nicht wie erhofft. Dieser Mann zeigte wenig Empathie. Er konnte zum Beispiel nicht verstehen, dass ich meiner Frauenärztin keine Vorwürfe und Schuldzuweisungen mache und sie nicht hasse. Das waren seine Worte. Ich konnte nicht glauben, was ich da hörte!

Begleiter/-innen und Berater/-innen von Menschen in schwierigen Situationen tragen eine große Verantwortung. Sie können niederreißen oder aufbauen. Ich dachte mir, noch ein zweites Mal zu diesem Herrn und ich kann in die psychiatrische Klinik. Ich wusste aber, Gott arbeitet mit und an Menschen anders, als ich es da gehört hatte. Ich sagte dem Psychiater ruhig aber bestimmt, dass dies nicht mein Weg sei und schon gar nicht der Weg, der zu Freiheit und Frieden führen wird. Der von ihm vorgeschlagene Weg ende nur in Hass und Bitterkeit. Warum ich das wisse? Das lehrt mich die Bibel. Ich fragte ihn, ob er die Geschichte von Hiob aus der Bibel kenne. Ich wolle diesem Vorbild folgen und meine Sache mit Gott klären. Er stellte dann fest, dass ich keine Medikamente brauche.

Mein Kampfgeist wurde nach diesem Gespräch neu geweckt und ich entschloss mich: «Melanie Grind abä und secklä (Augen zu und durch).» So, jetzt ist kämpfen angesagt. Du bist eine Kämpfernatur. Du kannst das, mit Gottes Hilfe!

Einige Wochen später sagte eine Mitarbeiterin der Spitex-Haushaltshilfe zu mir: «Frau Giger, sie müssen das alles wieder irgendwie ohne uns schaffen. Sonst bricht alles zusammen.» Ich wusste, dass sie recht hatte. Sie selbst hatte in ihrem Leben einen tragischen Verlust mit viel Leid hinnehmen müssen, der vielleicht noch weit schwerer war als meiner. Sie wusste also, wovon sie sprach. Ich spürte, dass sie es gut mit mir meint. Noch heute bin ich ihr dankbar dafür. Kurze Zeit später kam die Haushaltshilfe ein letztes Mal und ich nahm die Hausarbeit wieder selbst in die Hand. Später, als ich wieder stabiler war, sagte mir eine Bekannte, welche ebenfalls in der Beratungstätigkeit tätig ist im Gespräch, dass es gut hätte sein können, dass ich hätte in die Klinik müssen, nach dem, was wir erlebt hatten. Ehrlich gesagt, fühlte ich diesen schmalen Grat lange Zeit. Manchmal war der Gedanke daran sogar nahezu verlockend für mich. Einfach mal schlafen, versorgt werden, nichts müssen, raus aus der ganzen Verantwortung, nur bei mir sein. Ich bin trotzdem tief dankbar, dass ich diesen Weg nicht beschreiten musste. Ich konnte für meine Familie weitermachen, Verantwortung tragen und standhaft sein. Es war wohl auch viel Gnade dabei, denke ich im Rückblick. Ich bin dankbar, nie habe ich in allen Jahren den Lebenswillen verloren. Da halfen mir sicherlich auch die Kinder. Für sie wollte ich weitermachen. Auch für meinen Mann und unsere Ehe. Das gab mir weiteren Antrieb zum Kämpfen.

Eine Bekannte von uns schenkte mir in dieser Zeit einen Bibelvers, der in mir viel Mut weckte:

*«Denn ich allein weiß, was ich mit euch vorhabe: Ich, der Herr, werde euch Frieden schenken und euch aus dem Leid befreien. Ich gebe euch wieder Zukunft und Hoffnung.»*
Jeremia 29,11 (HfA)

Innerlich durchlebte ich weitere Etappen auf meinem Weg. Ich hatte mit Schuldgefühlen zu kämpfen. Hatte ich etwas falsch gemacht?

Gerade gegen Ende Schwangerschaft, als ich so erschöpft war, stellte ich mir Fragen: Wie werde ich das stemmen, wenn das Baby erst hier ist? Diese Fragen quälten mich. Trage ich Schuld am Tod von Micha? Habe ich versagt? Ich denke, dieses Rotieren im Kopf, dieses Überschlagen der Gedanken und die Frage: «Was wäre, wenn ...» ist vielen Menschen im Leben vertraut. Und auf einiges wird es keine (leichte) Antwort geben. In meinem Umfeld gab es Stimmen, die schnell antworteten: «Da brauchst du doch nicht die Schuld bei dir zu suchen. Du kannst doch nichts dafür.» Schön und gut, das war sicherlich lieb gemeint, doch mich quälten diese Fragen ernsthaft und für mich gab es dafür nicht einfach eine schnelle Antwort, und damit war's erledigt. Was mir da wirklich im tieferen Sinn geholfen hat, Ruhe zu bekommen, kann ich heute nicht mehr mit Sicherheit sagen. Vielleicht einfach die Tatsache, dass ich gesamthaft ein «Ja» zu meinem Weg gefunden habe, dass quälende Fragen zur Ruhe kamen. Vielleicht auch deshalb, weil ich der Einladung von Jesus gefolgt bin: *«Kommt her zu mir, alle, die ihr mühselig und beladen seid, ich will euch Ruhe geben»* (nach Matthäus 11,28).

Im Laufe meiner Verarbeitung stieß ich mich am Empfinden, was in meinen Augen Gerechtigkeit angeht. Menschen, die Kinder haben und sie auf verschiedenen Ebenen vernachlässigen. Da braucht man teilweise gar nicht so weit weg zu suchen. Damit rang ich. Dann haben Freunde von uns zwei Pflegekinder bei sich aufgenommen, was mich sehr berührt. Sie machen das mit so viel Liebe, Hingabe und Entbehrung. Wenn ich die Geschichte solcher Kinder höre, deren Start ins Leben, dann bleibt mir echt die Spucke weg und ich schlucke schwer. Da drängte sich mir der Gedanke auf, wir hätten uns um Micha gekümmert. Micha war ein Wunschkind. Das ist nicht fair! Und doch weiß ich, dass dies Gedanken aus einem begrenzten Blickfeld sind. Da regen sich Gedanken und Gefühle in mir. Vorherrschend: Das ist nicht fair. Entrüstung, Wut. Auch Fassungslosigkeit, Traurigkeit. Es brauchte Zeit, dies für mich zu ordnen. Viel Zeit.

Ich denke, an diesen Miseren Gott die Schuld zuzuschieben, wäre nicht fair. Es wäre wohl zu einfach und zu billig. Da, wo wir Menschen die Verantwortung nicht wahrnehmen und versagen.

Oft sind diese Menschen ja auch tief verletzt. Ja, leider des Öfteren auch selber schon in schwierigen Verhältnissen groß geworden und sie haben es nicht geschafft, ihr Leben in eine andere Spur zu lenken. Da ist also auf allen Seiten viel Not. Oft bräuchten diese Menschen ja selber Hilfe. Ich möchte sie versuchen zu verstehen, auch da, wo es mir von Natur aus und mit meiner Geschichte eher schwerfällt. Ich habe mich entschieden, da mehr Barmherzigkeit zu leben. Lieber die Hand bieten – oder dann schweigen. Nicht vorschnell verurteilen oder über diese Menschen schimpfen. Denn wir Menschen sehen ja bekanntlich tendenziell was vor Augen ist, Gott sieht auf das Herz. Er kennt unsere Prägungen und sieht die Beweggründe jedes einzelnen Menschen. Heute kann ich aus tiefem Herzen sagen: Nein, das Leben ist nicht fair.

ABER ich glaube, dass Gott gerecht ist. Zumindest sagt mir das die Bibel. Und die Bibel erlebe ich verlässlich. Doch nicht immer ist das hier auf der Erde ersichtlich. Vieles wird wohl erst in der Ewigkeit geklärt werden.

Gott hat höhere Wege und Gedanken. Tiefere Absichten. Gott erhört unsere Gebete oft nicht einfach so, wie wir es uns vorgestellt haben. Doch ich glaube, wenn wir wissen würden, was er weiß, dann hat er vielleicht unsere Gebete doch erhört. Auf seine Art und Weise. Wer weiß? Ich denke, hier ist der Punkt, an dem ich zu entscheiden habe, ob ich ihm vertraue. Vertraue ich ihm, auch da, wo ich ihn nicht verstehe? Vielleicht auf dieser Erde nie verstehen werde? Oder vielleicht trotzdem oder dennoch?

Ich musste mich auch dem Schmerz stellen, Micha nie aufwachsen zu sehen. Nie sein Lachen zu hören, ihn nie über Wiesen rennen zu sehen. Ihm nie den Regenbogen zu zeigen, oder mit ihm im Wasser zu toben. Ihn nie heranwachsen zu sehen oder vielleicht auch zu heiraten. Das war für mich ein schmerzhaftes Abschiednehmen und Loslassen.

Dem ersten Frauenarzttermin nach Michas Tod schaute ich mit viel Bangen entgegen. Für mich waren die Termine beim Frauenarzt schon unter normalen Bedingungen ein notwendiges Übel. So erst recht. Wieder ins Spital, in dem Micha geboren wurde und ich stationär lag.

Wieder in den Raum, in dem ich alle Untersuchungen während der Schwangerschaft hatte. Wieder meine Frauenärztin zu sehen. Diesen Punkt erlebte ich allerdings wichtig, hilfreich und gut. Nochmals in Ruhe reden, wie wir uns beide befinden. Nochmals Fragen stellen, die bei mir in der Zwischenzeit aufgetaucht sind.

Etwa anderthalb Jahre nach Michas Tod mussten wir mit Jael wegen eines Notfalls in das Kinderspital gehen. Sie war unglücklich gestürzt. Das löste erneut einiges aus. Wieder in dem Haus zu sein, in dem Micha starb. Später schrieb ich dem Kinderspital einen Brief. Ich bedankte mich für die vorzügliche Behandlung, die wir bei allen unseren «Besuchen» im Kinderspital mit sämtlichen unserer Kinder (auch Micha) erleben durften. Wir waren einige Male dort gewesen. Wir haben auf Umwegen die Meldung erhalten, dass sie darüber dankbar, erfreut und berührt waren.

Für mich war dieser Schritt wichtig auf meinem Weg der Verarbeitung. Zudem denke ich, kommt Lob selten an. Mir war es ein Anliegen, das Pflegepersonal wissen zu lassen, dass wir sie jedes Mal menschlich und sehr professionell erlebt hatten.

Nach Michas Tod habe ich relativ rasch wieder angefangen Kinder und auch Babys von Freunden zu betreuen. Ein ebenfalls wichtiger Schritt für mich. Anfangs hatte ich dabei ein Gefühlschaos. Doch ich wollte mich dem Ganzen stellen. So zog ich mit ihnen los in die Natur oder fand mich auf dem Wohnzimmerboden, mit ihnen spielend, wieder. All die schmerzhaften Emotionen ließen über die Jahre mehr und mehr nach. Die Freude und das Lachen nahmen zu. Heute genieße ich es, Babys auf meinen Armen zu tragen. Mein Mann meinte kürzlich, es gebe Leute, die das nicht verstehen. Mein Sohn Boas würde hier sagen: «Mama, was kümmern uns die Fragen und Ansichten anderer Leute?» Recht hat er.

## Die Stille zu Gott, der mir hilft

*Markus: Die psychologische Beraterin von Melanie bietet zusammen mit ihrem Ehemann auch Eheberatungen an. Eine solche nahmen wir zweimal in Anspruch. In einem Gespräch formulierte ich den Wunsch, zusammen mit Melanie «zurück ins Leben zu finden». Gemeinsam fanden wir heraus, was für Melanie in ihrer aktuellen Situation «Leben» bedeutete und wo dieses zu finden war. Melanies persönliche Schlussfolgerung war: In der Natur, beim Durchatmen und Spazieren. Sie erhielt den Auftrag, täglich für 30–60 Minuten einen Spaziergang zu machen. Mir wurde neu bewusst, dass ich Melanie noch mehr Zeit für ihren Weg geben und mich in Geduld üben muss.*

Ich nahm mir nach diesem Gespräch täglich diese Zeit, um raus in die Natur zu gehen. Das war für mich ein großer Schritt und ich musste mich regelmäßig bewusst dafür entscheiden, das Haus – mehr als nur gerade nötig – zu verlassen und mich nicht in unseren vier Wänden zu verkriechen. Lange hatte ich mich zurückgezogen.

In der Natur zu sein, war mir eigentlich schon immer wichtig gewesen. Wie hatte ich das nur vergessen können? Die täglichen Spaziergänge wurden für mich zu einem wichtigen Element auf dem Weg zurück ins Leben.

In diesen Zeiten in der Natur schöpfte ich neue Kraft und Mut. Dieses in der Natur sein tat mir so unsagbar gut. Die Ruhe, fernab vom Lärm und der Hektik. Über Wiesen, Felder, entlang von Waldrändern zu spazieren, erlebte ich so entspannend und lösend, gleichzeitig auch belebend.

Oft flossen auch da die Tränen. Manchmal weinte ich still und leise, manchmal hemmungslos laut. Manchmal flüsterte ich Gebete, manchmal schrie ich laut. In dieser Zeit habe ich mir oft gesagt, dass ich einen Tag nach dem anderen nehme. Nur für heute muss die Kraft reichen. Für heute reicht sie doch, oder? Morgen ist ein neuer Tag. Morgen sehen wir weiter. So ging das täglich. Ich habe in dieser Zeit stark gelernt, nur im Heute zu leben. Ein biblisches Prinzip. Gott weiß warum, er kennt uns Menschen. Er weiß, dass die Gedanken und Sorgen an morgen und übermorgen zu viel werden und uns den Lebensmut rauben können.

Unseren Kräftehaushalt in der Familie zu managen war ein täglicher Balanceakt. Wer etwas mehr Kraft zur Verfügung hatte, übernahm. In dieser Zeit haben wir gelernt, uns bewusst auch aufzuteilen. Mal übernahm ich am Wochenende zwei Stunden und mein Mann hatte Zeit für sich und danach hatte ich zwei Stunden für mich. Dies half uns beiden über die Runden zu kommen. Ich nutzte diese Zeit jeweils vor allem zum Schlafen und um mit Gott zu reden.

*Markus: Diese «Freizeit» gab mir wichtigen Freiraum, um Dinge zu machen und zu unternehmen, die mir den nötigen Abstand zu den Belastungen boten. Ich ging sehr oft in den Wald und machte ein Feuer oder setzte mich einfach auf eine Sitzbank am Waldrand. Zudem entdeckte ich in dieser Zeit das Puzzeln. Da konnte ich einfach für mich sein, etwas tun, das meinen Kopf von Gedanken leerte und niemand etwas von mir erwartete – zur Ruhe kommen.*

*«Der Herr ist mein Hirte, mir wird nichts mangeln.*
*Er weidet mich auf einer grünen Aue und führet mich*
*zum frischen Wasser. Er erquicket meine Seele.*
*Er führet mich auf rechter Straße um seines Namens willen.*
*Und ob ich schon wanderte im finstern Tal, fürchte ich*
*kein Unglück;*
*denn du bist bei mir, dein Stecken und Stab trösten mich.*
*Du bereitest vor mir einen Tisch im Angesicht meiner Feinde.*
*Du salbest mein Haupt mit Öl und schenkest mir voll ein.*
*Gutes und Barmherzigkeit werden mir folgen mein Leben lang,*
*und ich werde bleiben im Hause des Herrn immerdar.»*
Psalm 23 (LUT)

Dieser Psalm hat mir geholfen – besonders der Textabschnitt: *«Und wandere ich durchs dunkle Tal, so bist du da.»*

Es ist die Rede vom Wandern. Wandern ist wandern. Wandern bedeutet nicht Stillstand, wie es sich jedoch leider nur zu gerne in solchen Situationen anfühlt. Wandern bedeutet unterwegs sein. Schrittweise vorwärts. Ich habe mir gesagt, ich will vertrauen, dass das dunkle Tal zu seiner Zeit ein Ende haben wird. Dass danach bessere Zeiten, gute Tage anbrechen werden. Dass ich die Güte Gottes und seine Barmherzigkeit wieder neu sehen darf.

Dieses «so bist du da», bedeutet: Gott ist wortwörtlich da. Nicht irgendwo sonst und mich hat er vergessen. Mich lässt er hocken. Oder hat mich gar verlassen. Die Bibel sagt uns, Gott wird uns nie verlassen. Ich hielt mich an diesem Versprechen von Gott fest.

*Markus: Im Juni 2015 hatte ich die Möglichkeit, im Rahmen eines beruflichen Sabbaticals eine Reise nach Island zu unternehmen. Als Teilnehmer einer zehnköpfigen Gruppe nahm ich an einer «Erlebnis-Coaching-Woche» teil. Wir waren sieben Tage mit Rucksack, Zelt und Kocher zusammen mit zwei Guides in der Wildnis von Island unterwegs. Vom vergangenen Winter lag auf unserer Route über die Vulkanberge noch sehr viel Schnee – viel mehr, als zu dieser Jahreszeit üblich. Täglich wanderten wir schwer beladen sieben bis neun Stunden über Pässe, Gipfel und durch Täler – körperlich eine Grenzerfahrung für die meisten unserer Gruppe.*

*Meine beiden Guides wussten von meiner Geschichte rund um den Tod von Micha. Ich erzählte ihnen, dass diese «Wanderung» für mich ein Teil meines Verarbeitungsprozesses sein sollte. Ich wollte diese Zeit bewusst nutzen, um meiner aufgewühlten Seele etwas Abstand, Ruhe und neue Impulse zu geben. So wurde diese Reise in vielen Punkten zum Sinnbild meiner Geschichte und meines Weges.*

*Wir starteten am Ufer des Meeres und liefen auf die ersten Hügelzüge los. Immer wenn ich zurück auf das Meer blickte, sah ich darin mein eigenes Tränenmeer. Auf dem Weg ins Landesinnere lief ich bewusst weg von diesem. Die zu überquerenden Pässe wurden für mich zum Bild für den steinigen Weg, auf dem ich unterwegs war.*

*Einige lagen bereits hinter mir/uns – einige noch vor uns. Hinauf zu einem der höchsten Punkte lief ich als Zweiter hinter einem Guide. Ich wusste innerlich, dass, wenn ich da oben angelangt bin, ich eine «schwierige, kräfteraubende Zeit» hinter mir lassen kann und zuversichtlich in die Weite blicken konnte. Als ob mein Guide dies spürte und mit mir mitfühlen konnte, drehte er sich zu mir um und sagte: «Hol dir diesen Chaib (dieses Miststück)!» Er ließ mich überholen und sagte mir, dass ich allein vorausgehen soll. So zog ich los, einige Meter vor der Gruppe, ganz allein für mich ... als ich oben ankam, brach alles aus mir raus. Ich weinte, ließ alles los und eine tonnenschwere Last fiel von meinen Schultern. Mit etwas Abstand und einige Minuten später kamen der Guide und die Gruppe an. Der Guide legte behutsam seine Hand auf meine Schulter und meinte: «Jetzt hast du's geschafft!» Nach diesem Moment war ich innerlich befreit. Ich spürte das Leben, meine innere Kraft und die Lebensfreude wieder.*

*Die Nächte waren sehr kurz und kalt. Bis minus zehn Grad maß das Thermometer und oft bliesen heftige Winde über unsere Zelte.*

*Die Dämmerung der Nacht dauerte in diesen Breitengraden zu dieser Jahreszeit nur gerade vier Stunden. Etwa in der Mitte der Woche wachte ich in einer stürmischen Nacht nach drei Stunden Schlaf auf. Ich verließ unser Zelt, suchte mit meinem Rucksack Unterschlupf in der Schutzhütte nebenan und kochte mir um vier Uhr morgens auf dem Gaskocher einen Kaffee. Trotz der gut 14 Kilogramm Material im Rucksack entschied ich mich vor der Abreise, eine kleine Bibel einzupacken. Während das Wasser für den Kaffee am Aufkochen war und ich mein Gepäck für den Tagesstart sortierte, nahm ich die Bibel zur Hand, schlug diese einfach irgendwo auf und las einige Verse:*

*«Lobt unseren Gott! Ein Psalm,*
*der beim Dankopfer vorgetragen wird.*
*Jubelt dem Herrn zu, alle Länder der Erde!*
*Dient dem Herrn mit Freude, kommt vor ihn mit Jubel!*
*Erkennt, dass der Herr allein Gott ist! Er hat uns geschaffen, ihm gehören wir. Wir sind sein Volk, seine Herde, und er ist unser Hirte, der uns auf seine Weide führt!*
*Kommt in die Tore seiner Stadt mit Dank, in die Vorhöfe seines Heiligtums mit Lobgesang! Dankt ihm und preist seinen Namen!*

*Denn reich an Güte ist der Herr, ewig währt seine Gnade,*
*und seine Treue gilt auch allen künftigen Generationen.»*
Psalm 100 (NGÜ)

*Beim Lesen dieser Sätze übermannte mich eine tiefe Dankbarkeit zu und große Ehrfurcht vor meinem Gott. Mitten in dieser körperlichen Grenzerfahrung, mitten in dieser faszinierenden Natur, mitten in diesen Naturgewalten – mitten in meinem persönlichen Sturm – offenbarte sich mir Gott als Schöpfer und Hirte in seiner Güte, Gnade und Treue wie nie zuvor. Das war der Wendepunkt, von dem ich Wochen, Monate, ja Jahre später noch in all den Herausforderungen des täglichen Lebens zurück im Alltag noch zehrte – Gott ist da – mittendrin!*

*So wurde mir diese Islandreise zu «meiner Geschichte»:*
*Vom Tränenmeer, über den Pass, mit Dankbarkeit zurück ins Leben!*

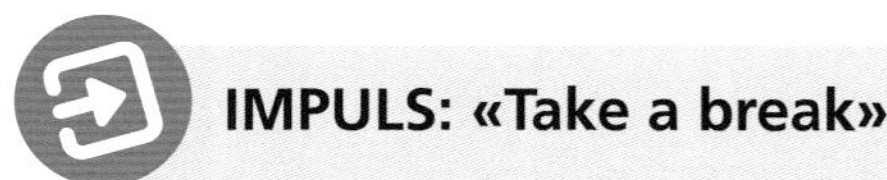

## IMPULS: «Take a break»

In dieser Lebensphase fiel es mir (Markus) schwer, alle Aufgaben und Herausforderungen meines Alltags unter einen Hut zu bringen. Ich fühlte mich überfordert und war rast- und ruhelos unterwegs. Trotzdem suchte ich irgendwie die Balance zwischen dem herausfordernden Familienleben, meinen beruflichen Aufgaben und meinem persönlich gelebten Glauben. Ganz unerwartet machte ich in dieser Phase eine wertvolle Entdeckung ...

Ich stresste durch den Flughafen Zürich, um den gebuchten Flug zu einem internationalen Meeting zu schaffen. Einmal mehr war ich spät dran. Dann sah ich auf der Anzeigetafel, dass der Flug verspätet war und ich unerwartet 60 Minuten «warten» musste. Da mir die Hektik und die Unruhe in den Warteräumen mit all den Passagieren zu viel wurde, entschloss ich mich, die Flughafenkapelle aufzusuchen. Als die Tür hinter mir ins Schloss fiel, war es plötzlich ganz still um mich herum – ich war ganz allein. Ich setzte mich auf den hintersten Stuhl und blickte auf das Kreuz, welches vorne an der Wand hing. Mit flüsternder, gebrochener Stimme und Tränen in den Augen erzählte ich Gott, wie getrieben und verlassen ich mich derzeit fühlte. Als alles gesagt war, wartete ich – hielt die Stille aus. Nach einer Weile blickte ich auf den leeren Stuhl neben mir. In meinem Geist hörte ich die Worte: «Ich bin bei dir – ich bin mit dir – ich gehe mit dir!» Eine übernatürliche Ruhe und ein tiefer Friede und Dankbarkeit kamen in mein Herz. Lange, sehr lange bin ich einfach dagesessen und habe diesen Moment der Ruhe genossen.

Die «Fülle des Lebens» kann einen (über-)fordern. Erst recht, wenn sich leidvolle Situationen und Sorgen zu all den Aufgaben, Fragen und Herausforderungen des «normalen Lebens» hinzugesellen. Plötzlich ist das Leben nicht mehr voll von Freude, Frieden und Freiheit, sondern überfüllt, bzw. «verstopft» von Ängsten, Sorgen und Fragen.

**Maria & Martha → Lukas 10,38-42**
Die Geschichte von Maria, Martha und Jesus will uns hierzu wertvolle Impulse geben. Martha hat alle Hände voll zu tun – Maria macht nichts! Da kochen nicht nur die Töpfe von Martha über, sondern auch sie selbst! Sie ist nicht nur sauer auf ihre Schwester Maria, sondern auch auf Jesus, der nichts dazu sagt. Darf man so wie Martha zu Jesus kommen?

Ja, sie macht genau das Richtige. Sie ist ganz ehrlich! Sie hätte den ganzen Tag innerlich grollen und verdrängen können ... aber so wäre ihr Verhältnis zu Maria und zu Jesus nicht wirklich besser geworden.

Von Martha können wir lernen, dass oft die ehrliche Begegnung mit Jesus ein Schlüssel bzw. ein Dammbruch ist. Der Damm von Fragen, Zweifeln, Vorwürfen und Nöten soll brechen – Gott ist ein belastbarer Zuhörer! So wurde Martha offen für Hilfe und Antworten.

Worin bestand die «gute Wahl» von Maria (Vers 42)? Sie wählte die Nähe zu Jesus – im Zuhören. «Du machst dir viel Stress! Ruh doch erst einmal in meiner Nähe aus!»

*«Meine Seele ist stille ZU Gott, der mir hilft.»*
Psalm 62,2 (Lut)

Dieser Psalm gibt uns «mitten im Sturm» Orientierung – wie ein Leuchtturm dem Seefahrer eine Orientierungshilfe bietet. Das «ZU Gott» gibt die Richtung vor. In der Stille kommt unsere Seele zur Ausrichtung auf Gott. Vergleichbar mit einem Handkompass, der wild herumgewirbelt in alle Richtungen zeigt. Erst wenn man diesen still vor sich hinhält, kommt die Kompassnadel in der trägen Masse zur Ruhe und zeigt nach Norden. In dieser Stille brauchen wir die Haltung von Samuel aus 1. Samuel 3,10:

*«Rede, denn dein Knecht hört.»*
(Lut)

In solchen bewusst gesuchten Momenten der Stille gewinnt unsere Seele den nötigen Abstand zum Alltag und unserem Erleben. Dort können wir die Dinge verarbeiten und mit Gottes Hilfe einordnen, die uns bewegen. Wir lernen auf Gottes leises Reden zu hören, ihm persönlich zu begegnen und mit ihm zu reden. Er wünscht sich solche Zeiten mit uns und er möchte uns helfen, zu uns reden und uns beschenken – erst recht in stürmischen Zeiten.

## Zurück in das Leben

Während meinen Zeiten draußen in der Natur entschied ich mich, bewusst Dankesgebete auszusprechen. Ich habe für so vieles, das wir oft für selbstverständlich nehmen, Gott gedankt. Einfach für alles, das mir in den Sinn gekommen ist. Für die Sonne, den Wind in den Bäumen, die Vögel, die schönen Blumen, dass wir ein Zuhause haben. Für Spitäler, die Familie, Kleidung, Essen, Medikamente – für Gottes Schöpfung!

Dabei stellte ich fest, dass dies nicht nur Gott freute und ihn ehrte, sondern dass dadurch auch meine Seele und Gefühle stabilisiert wurden. Das brauchte ich. Häufig war es eine reine Willensentscheidung, dankbar zu sein. Meine Seele sagte mir oft etwas anderes. Für was denn bitte schön dankbar sein? Für den bescheuerten Zustand von mir, meinem Mann und meiner Familie? Auch das war ein Kampf. Immer wieder sprach ich in meine Umstände hinein: «Ich will leben und dankbar sein.» Allmählich veränderte sich etwas in mir. Ich sah nicht mehr nur das Schwere, das Negative. Leise konnte ich wieder das Schöne erahnen und mich daran freuen. Mein Leben hellte sich langsam wieder auf.

Ich begann (wieder) Lieder zu Gott zu singen oder Anbetungsmusik zu hören. Texte, die aussagen, dass in Gottes Namen die Kraft zu leben ist. Wer und wie er ist. Mein Anker und Tröster, ein starker Helfer, mein Zufluchtsort, meine Burg und mein Retter in der Not. Meine Lebenskraft, Freude und Stärke. Ein treuer und guter Hirte. Das richtete mich auf und gab mir neue, übernatürliche Kraft.

Mir wurde auch bewusst, dass es wichtig war, dass ich meiner Seele immer wieder sagte, wer in allen Situationen das letzte Wort hat. Meine Seele sagte mir in den letzten Monaten oft: «Schau nur, wo du stehst, das wird nie besser werden. Vergiss es.» Ich fing an, diesem Zustand immer wieder zu sagen: «Mein Gott ist ein Gott der Wiederherstellung. Ein Gott, der Ordnung ins Chaos bringt. Ein Gott der heilt. Ein Gott, der Neues schafft. Und er wird es tun.» Meine Umstände und Gefühle waren nicht sofort anders. Nein, nein. Aber ich blieb hartnäckig dran. Ich sprach es aus, immer wieder. Denn ich wollte zurück ins Leben!

Nach rund anderthalb Jahren und unzähligen Spaziergängen war meine Seele bereit, Micha ganz loszulassen. Ihn wirklich Gott zu überlassen. Ich gab ihm nicht nur mein Kind, sondern auch all meine Träume, Vorstellungen und Wünsche. Ich gab mich ihm in einem Maß hin, wie niemals zuvor.

Bildlich gesprochen lösten sich meine verkrampften, festhaltenden Hände. Es war für mich auch ein Prozess, diese innere Verkrampfung loszulassen. Ich stelle fest, dass bei vielen Menschen, welche durch leidvolle Strecken gehen, die Gedanken oder vielmehr Ängste auftauchen: «Was oder welcher Hammer kommt als Nächstes?» Das Sicherheitsgefühl oder auch eine gewisse Unbekümmertheit «das wird schon gut» haben einen tiefen Riss bekommen. Das ist weit entfernt von wieder leben. Für mich wurde es ein Schlüssel für den Durchbruch, als ich mich bewusst entschied, wieder Gutes von der Zukunft zu erwarten. Auch sagte ich mir, dass, sollte es anders kommen, ich das Beste daraus machen werde. Doch diese Perspektive und der Vorsatz «Das Gute von der Zukunft zu erwarten» veränderte bei mir etwas. Ich erwartete mit der Zeit wirklich wieder das Gute. So lernte ich der Zukunft wieder zuversichtlicher und vertrauensvoller entgegenzublicken.

## IMPULS: «Danken schützt vor Wanken»

Dankbar sein hat in der modernen Glücksforschung einen hohen Stellenwert. Dankbare Menschen sind glücklichere und zufriedenere Menschen. Das gilt für das Leben ganz allgemein, aber letztlich auch für herausfordernde Zeiten im Leben. Wie bitte? Dankbar sein und Freude haben auch in stürmischen Zeiten? Vielleicht klingt das für dich wie eine Provokation oder eine schiere Zumutung. Wofür denn dankbar sein, bitte schön? Für diesen bescheuerten Zustand, in dem ich mich gerade befinde?

Hinter dem Sprichwort: «Danken schützt vor Wanken – Loben zieht nach oben» steckt wahrhaftig ein Geheimnis! Hiob entdeckte am Ende seiner Leidenszeit die Wahrheit, dass Gott heilig ist und ihm alle Ehre gebührt > siehe Kapitel «Klagen wie Hiob» (ab Seite 37). Die Grundlage seiner Dankbarkeit bezog sich nicht auf seinen Zustand, bzw. seine Situation, sondern vielmehr auf das Fundament seines Lebens und Glaubens und auf das, was er noch hatte – was «übrig geblieben» war.

*«Vor allem, liebe Geschwister: Freut euch darüber, dass ihr mit dem Herrn verbunden seid!»*
Philipper 3,1a (NGÜ)

Paulus, der Autor des Briefes an die Philipper, macht deutlich: Unsere Verbundenheit mit Gott ist das Fundament unserer Lebensfreude – auch in herausfordernden Zeiten.

Paulus schrieb diesen Brief nicht am Meer bei Sonnenuntergang, sich auf einem Liegestuhl räkelnd mit einem Cocktail in der Hand. Nein, er schrieb diese Zeilen aus dem Gefängnis, wo er aufgrund seines Glaubensbezeugnisses festsaß. Weiter schrieb er:

*«Freut euch, was auch immer geschieht; freut euch darüber, dass ihr mit dem Herrn verbunden seid! Und noch einmal sage ich: Freut euch! ... Macht euch um nichts Sorgen! Wendet euch vielmehr in jeder Lage mit Bitten und Flehen und voll Dankbar-*

*keit an Gott und bringt eure Anliegen vor ihn. Dann wird der Friede Gottes, der weit über alles Verstehen hinausreicht, über eure Gedanken wachen und euch in eurem Innersten bewahren – euch, die ihr mit Jesus Christus verbunden seid.»*
Philipper 4,4-9 (NGÜ)

Nein, das Leben ist kein Kinderspielplatz, kein Ponyhof. Paulus macht uns da nichts vor. Aber er erinnert uns mit Nachdruck daran, uns zu freuen, was auch immer geschieht und dankbar zu sein. Mit unseren Sorgen und Ängsten zu Gott zu gehen und ihm zu vertrauen. Dann bzw. wenn wir das so machen, wird der Friede Gottes, der menschlich nicht erklärbar ist, unser Leben und unsere Situation prägen. Die wirksamsten Mittel gegen Sorgen und Ängste sind Dankbarkeit im Herzen, die Besinnung auf sein Wort und die Freude am Herrn.

*«Sorgen sind wie ein Schaukelstuhl;*
*Sie geben einem etwas zu tun,*
*aber bringen einen nicht vorwärts.»*
Yvonne Schwengeler

*«Seid nicht bekümmert; denn die Freude am Herrn ist eure Stärke.»*
Nehemia 8,10 (LUT)

In herausfordernden Zeiten ist es hilfreich, sich die Frage zu stellen, woran ich mich orientieren will. Was soll der Leuchtturm im Sturm sein, der die Richtung bestimmt. Möchte ich problemorientiert bzw. -fokussiert sein oder verheißungsorientiert und auf Gott fokussiert sein? Auf was richte ich meine Gedanken aus und was füllt mein Herz? Die Einladung der Bibel ist deutlich: Wir sollen uns am Herrn freuen, dankbar sein, uns keine Sorgen machen und unsere Anliegen bei ihm deponieren/abladen.

Es gibt Zeiten, in denen wir uns willentlich und bewusst dafür entscheiden müssen und sich innerlich Widerstand dagegen meldet. Es kann sich auch sehr künstlich oder aufgesetzt anfühlen, wenn wir mitten in einer Krise zu einem Dankesgebet ansetzen.

Aber oft hilft schon, wenn wir aufzählen oder aufschreiben, was wir (noch) haben und wir so oft als selbstverständlich hinnehmen. Zum Beispiel den Sonnenschein, die Gemüsefelder, das saubere Trinkwasser, ein Dach über dem Kopf ...

Auf diese Weise gelebte Dankbarkeit stabilisiert eine erschütterte Seele. Was aufgewühlt ist, wird ruhiger. Das Dunkle wird heller. Das geschieht nicht von jetzt auf gleich, sondern braucht Zeit und Beharrlichkeit. Aber ein Dranbleiben lohnt sich!

**LINK:** Siehe auch Erlebnis in Island ab Seite 60

### Das Wunder auf dem Spaziergang

Drei Jahre waren bereits seit dem Tod von Micha vergangen. Ein steiniger und kurvenreicher Weg. Und dann geschah ganz unerwartet ein übernatürliches Wunder. Anders kann ich es bis heute nicht einordnen. Es geschah auf einem meiner täglichen Spaziergänge. Auch dieser war von Gebeten der Dankbarkeit und von Anbetungsliedern begleitet. Ich weiß noch, wie ich immer und immer wieder das Lied «Jesus, in deinem Namen ist die Kraft zum Leben» sang. Während des Singens geschah etwas in mir. Heute würde ich sagen, Gott ist mir in diesem Moment tief begegnet. Seine Nähe und Gegenwart waren stark präsent. Es war ein solch heiliger Moment, dass er sich tief in mein Herz eingebrannt hat und ich ihn wohl mein Leben lang nicht vergessen werde. Noch heute bin ich überwältigt, wenn ich daran denke. In diesem Moment der Gottesbegegnung weinte ich, doch es waren nicht die bekannten Tränen der Trauer. Dies wiederholte sich während den drei darauffolgenden Tagen auf meinen Spaziergängen. Ich wusste in diesem Moment, dass Gott ab jetzt in einem ganz neuen Maß die Führung übernimmt, damit ich zurück ins Leben finde. Es waren die Tage des Durchbruchs zurück ins Leben! Zu Hause sagte ich nur zu meinem Mann: «Ab jetzt geht es aufwärts!»

*Markus: Ich spürte in der Stimme von Melanie und ich sah in ihren Augen, dass diese Aussage nicht aus dem Nichts kam, sondern dass sich wirklich etwas Grundlegendes verändert haben musste. Ich wagte es kaum zu glauben, dass es jetzt wirklich aufwärtsgehen sollte. Zu viele Enttäuschungen, Rückschläge und Zweifel haben mich während der letzten Jahre begleitet. Aber ich nahm es dankend im Glauben an. Viel zu lange hatte ich auf diesen Moment gewartet, gehofft und unsere Situation Gott im Vertrauen immer wieder im Gebet gebracht.*

Und es kam so! Schritt für Schritt ging es aufwärts. Mehr und mehr kehrte innerlich und äußerlich in mir, in unserer Ehe und in unserer Familie Ruhe und Stabilität ein. Ich spürte, dass Menschenansammlungen für mich erträglicher wurden und ich diese nicht mehr als Bedrohung wahrnahm. Das wirkte sich natürlich auch auf unseren Alltag aus. Vieles wurde entspannter. Lebenskraft und Lebensfreude kamen zurück. Nicht sofort, aber es war eine schrittweise Entwicklung in die richtige Richtung. Momente des gemeinsamen Lachens kehrten wieder ein. Nicht alles ist wieder wie vor diesem traumatischen Erlebnis. Wie könnte es auch! Die Erlebnisse und Erinnerungen haben sich fest in unsere Gedanken und Herzen eingebrannt. Aber das Leben fühlt sich wieder wie Leben an. Ich würde nicht sagen, dass keine Fragen mehr da sind. Doch das Bedürfnis, diese drängenden Fragen beantwortet zu bekommen, hat abgenommen. Ja sie sind zur Ruhe gekommen. Es war ein unglaublich langer und harter Weg. Ein umkämpfter Sieg. Gott sei Dank, dass wir heute weitgehend Ruhe und Frieden in unseren Herzen und Leben haben. Gottes Perspektive und der tiefe Glaube an ein Wiedersehen mit Micha im Himmel erfüllt uns mit Zuversicht und Hoffnung.

# LIEBEN in stürmischen Zeiten

## Unsere Ehebeziehung

Die Grundlage für unsere gemeinsame Entscheidung «in guten und in anderen Zeiten immer beieinander zu bleiben» liegt in unserem Verständnis zum Thema «Verbindlichkeit» einer Ehebeziehung (siehe später ab Seite 82). Noch im Spitalzimmer kurz nach dem Tod von Micha haben wir uns bewusst dazu entschieden und uns versprochen, dass wir akzeptieren werden, wie beide mit diesem Verlust umgehen werden und haben zueinander gesagt: «Wir wollen diesen Weg gemeinsam gehen und beieinanderbleiben» (Seite 28). Den Ehepartner bzw. die Ehepartnerin auch in stürmischen Zeiten zu lieben und den Ehealltag unter solch außergewöhnlichen Bedingungen zu leben, brachte natürlich die eine oder andere Herausforderung und Grenzerfahrung mit sich.

In unsicheren Ehezeiten glaube ich, dass es entscheidend ist, dass wir uns auf die Werte besinnen, für die wir leben und stehen wollen. Dass wir dabei unseren momentanen Gefühlen nicht zu große Bedeutung zumessen. Denn diese können sehr trügerisch sein. Mir war es wichtig, mich verstandesmäßig daran zu erinnern, für welche Werte ich mich seit Anfang der Ehe entschieden habe zu leben und diese hochzuhalten. Zum Beispiel: Wir wollen ein Leben lang zusammenbleiben und dieses zähe Kapitel unserer Geschichte gemeinsam durchstehen. Wir wollen zusammen alt werden. Wir wollen das Miteinander suchen und nicht auf dem vermeintlichen recht haben beharren oder bestehen. Ich machte mir deutlich, dass, wenn unsere Ehe zerbricht, es nicht einen Gewinner und einen Verlierer gibt. Das ist eine Lüge. Es gibt nur zwei Verlierer oder, auf der Gegenseite, wenn die Krise gemeistert ist, zwei Gewinner. Zudem habe ich mir vor Augen gehalten, welche Auswirkungen es für unsere Kinder langfristig hätte, wenn unsere Ehe zerbräche. Dies half mir, eine nüchterne Portion Realität beizubehalten und verlieh mir Kampfkraft.

Auch legte ich Wert darauf, keine Grundsatzentscheidungen, wie z. B. Wohnortwechsel, Jobwechsel usw. zu treffen. In einer Krisensituation ist das in der Regel sinnvoll und es bewährte sich bei uns.

Hilfreich war für mich auch, Gottes Sicht über uns als Ehepaar zu suchen. Zu hören, was er uns persönlich sagen möchte. Das war für mich unsagbar kostbar. Seine Sicht gab mir viel Perspektive, Hoffnung und setzte Kraft frei. Besonders an Tagen, an denen ich echt entmutigt war und Zweifel mich überfielen.

Zwei Bilder schenkte mir Gott. Eines direkt vor Augen. Das andere vor dem inneren Auge.

In unserem Wohnzimmer steht eine Palme, welche wir seit unserem Kennenlernen haben. Das Spezielle daran war, dass die Palme über die Jahre nicht viel mehr als ein Besen war. Mit anderen Worten, äußerst spärlich bestückt, und in der Folge kein wirklicher Blickfang. Nun, mein Mann äußerte in dieser Zeit, dass wir sie entsorgen und stattdessen eine neue kaufen sollten. In mir sträubte sich etwas, denn diese Palme hatte für mich, trotz ihres Äußeren, eine viel tiefere Bedeutung. So sagte ich meinem Mann, dass ich das nicht möchte. Gott gebrauchte dann in diesen folgenden etwa zwei Wochen tatsächlich diese Palme, um zu mir zu sprechen. Ohne unser Dazutun begann die Palme neue Triebe zu bilden. Zuerst an einem Ort, dann an einem zweiten. Ich war hell entzückt und verblüfft. Wie kann das sein nach 18 Jahren äußerem Stillstand?? Gott sprach zu mir: Melanie, so wie ich das bei der Palme getan habe, mache ich das auch bei euch in der Ehe. «Ich werde Neues schaffen!»

Und tatsächlich stärkte mich der Blick zur Palme in meinem Alltag. Heute reicht die Palme beinahe bis zur Wohnzimmerdecke und sie sieht prächtig aus. So, dass Menschen mich darauf ansprechen, was ich denn mit dieser Palme gemacht hätte? Sie wollen ein einfaches Rezept hören. Gerne erzähle ich ihnen dann die Geschichte.

Ein zweites Bild sah ich vor dem inneren Auge. Das Bild eines Adlers, der am Himmel kreist. Gott sprach zu mir: Markus und du werdet wie dieser Adler sein. Eins. Und ihr werdet gediegen am Himmel kreisen. Dieses «Einssein» und «gediegen» stärkten mich. War es gefühlt in unserem Leben doch alles andere als das. Ja, Gott spricht über unsere Logik zu uns Menschen. Individuell. Diese beiden Bilder waren für mich persönlich maßgeschneidert.

Für Gott ist solches Reden in Bildern nicht ungewöhnlich. Wir finden das auch schon ziemlich am Anfang in der Bibel. Gerne denke ich an Abraham, den Vater des Glaubens. Er ist für mich persönlich ein großes Vorbild! An einem Punkt, als Abraham in seinem Leben sehr entmutigt war, führt Gott Abraham nach draußen vor das Zelt. Gott zeigt Abraham den Sternenhimmel und spricht zu ihm persönlich. Dieses Bild stärkt Abraham enorm. Besonders in Zeiten der großen Zweifel, des Kämpfens und Wartens, bis Gott tut, was er versprochen hat. Ich stelle mir gerne vor, dass Abraham, wenn es abends dunkel wurde und die andern schliefen, er sich vor sein Zelt setzte, in den Himmel schaute und zu Gott sagte: «Ich sehe es.» Dieses sich Erinnern hat Abraham sicherlich ungemein gestärkt, besonders wenn Resignation ihn lähmen wollte und Schmerz ihn überrollte. Als Gottes Zeitpunkt gekommen ist, erfüllt sich seine Verheißung im Leben von Abraham.

### Gute Gewohnheiten trotzdem, bzw. erst recht pflegen

Schon seit Jahren nahmen sich Markus und ich bewusst einen Abend pro Woche für unsere Ehe Zeit, um sie zu pflegen. Wir hielten jetzt erst recht daran fest. Mein Mann und ich gingen mal auswärts essen, saßen auf dem Sofa, tranken einen Tee oder Kaffee. Manchmal redeten wir. Manchmal waren wir zu müde dazu und/ oder es fehlten uns die Worte. Doch wir saßen beieinander und hielten aus. Wir wussten, unserer Ehe müssen wir besonders Sorge tragen.

### Unterschiedlichkeit

*«Entweder wird man mit dem Leid fertig,*
*oder es macht einen fertig.»*
Peter Hahne[9]

Um mit der Trauer fertigzuwerden, muss jeder seinen Weg finden. Markus und ich haben sehr unterschiedlich getrauert. Dass dies zu Spannungen führte, liegt auf der Hand. Markus machte vieles für sich selber und mit Gott aus. Dass er in dieser Zeit anfing, Golf zu spielen, war für mich nicht einfach, denn ich wusste, wäre Micha da, hätte er nicht die Zeit dazu. Aber einander solche Freiräume zu lassen, dazu hatten wir uns ja entschieden. Ich merkte auch, dass es ihm guttat, seinen Frust rauszuhauen und allein über das Green zu laufen. Und ich sagte mir: keine Vorwürfe machen. Das umzusetzen war nicht immer gleich leicht.

Mein Mann sprach von sich aus das Thema «Micha» wenig an. Bei ihm flossen auch kaum Tränen. Nicht anfangen zu werten, darauf musste ich fest achten. Markus verspürte auch nicht das gleiche Bedürfnis, häufig ans Grab von Micha zu gehen. Das schmerzte mich anfangs. Ich musste da schrittweise lernen, meine Erwartungen loszulassen. Es fiel mir schwer, das zu verstehen. Für mich und für ihn und zum Wohl unserer Ehe war es einmal mehr wichtig, keine Vorwürfe zu machen. Diese sind Gift und zerstörerisch. Lieber Beobachtungen und Wünsche äußern und dann schauen, wie man als Ehepaar aufeinander zugehen kann. Wenn mein Mann auf den Friedhof ans Grab ging, dann gewöhnlich für sich allein, in der Dämmerung oder gar nachts. Ich nahm die Micha-Box (siehe Seite 76) gerade im ersten Jahr oft zur Hand. Mein Mann selten. Ich hatte viel stärker das Bedürfnis, über unsere leidvolle Situation zu reden. Das half mir beim Verarbeiten. Das auszuhalten, war für meinen Mann nicht immer einfach. Für ihn wurde es zunehmend schwieriger, wenn ich dieses Thema immer wieder mit unseren Freunden aufgriff und dabei oft auch in Tränen ausbrach.

*Markus: In solch praktischen Punkten zeigte sich die Herausforderung der unterschiedlichen Verarbeitung und die damit verbundenen Spannungen. Bezüglich der anfangs beschriebenen Trauerphasen waren wir meilenweit voneinander entfernt und zeitlich stark versetzt unterwegs. Ich konnte meinen Blick relativ rasch wieder nach vorne richten. Ich wollte leben, zurück ins Leben. Abhaken und nach vorne schauen. Melanie brauchte Zeit, viel Zeit. Die richtige*

*Balance zwischen Achtsamkeit der Familie gegenüber und der Arbeit zu finden war ein Seiltanz für mich. Ich liebe meine berufliche Aufgabe und ich konnte mich mit der Arbeit von den familiären Herausforderungen zeitweise distanzieren. Ein nötiger Tapetenwechsel für mich, der aber verständlicherweise aufgrund der Befindlichkeit von Melanie unterschiedlich eingeordnet wurde.*

## Einander Gutes tun

Wir haben es zu unseren Aufgaben gemacht, den Ehepartner möglichst oft beim Guten zu erwischen. Trotz allem Wertschätzung und Dankbarkeit zu zeigen. Einander bewusst Gutes zu tun und großzügig zu sein. Wir schrieben uns öfters Karten mit wertschätzenden Worten. Das war oft einfacher, als die Gedanken in einem Gespräch zu formulieren. Markus brachte mir zusammen mit den Kindern immer wieder einmal Blumen vom Blumenfeld «Zum Selberpflücken» nach Hause. Ich kochte regelmäßig das Lieblingsessen von Markus oder legte ihm seine Lieblingskaugummis oder Schokolade auf den Bürotisch. Solche Kleinigkeiten verbanden uns und stärkten unsere Beziehung.

*Markus: Vier Dinge, die ich unternommen hatte, erreichten das Herz von Melanie besonders. Noch während der Zeit zwischen dem Tod von Micha und der Beerdigung ging ich mit dem Ehering*

*von Melanie zum Goldschmied. Dort ließ ich neben einem bereits vorhandenen Brillanten noch einen kleineren Stein einsetzen. Den «Micha-Stein», wie ich ihn nannte. Dieses Symbol war und ist für Melanie etwas ganz Besonderes, trägt sie doch diesen nun immer mit ihr. Auf meiner Wanderung in Island (Seite 60) wählte ich bewusst mit einem Guide einen etwas längeren Umweg über den Vulkan Eyjafjallajökull. Als Andenken an diese eindrückliche Reise nahm ich vom Gipfel fünf kleine Lavasteine mit nach Hause, die heute noch in unserem Homeoffice liegen. Einer für jedes Familienmitglied – auch für Micha. Das bedeutete Melanie sehr viel.*

*Während jeder Adventszeit schenkten wir uns gegenseitig jeweils einen Adventskalender. Einmal entschied ich mich, Melanie 24 Karten mit Liebesbotschaften und Wertschätzungen zu schreiben. Davon erzählt sie noch heute.*

*Ich wusste von den Erzählungen von Melanie, dass sie sich schon immer eine Krippe zur Weihnachtszeit gewünscht hatte. Aber ich kannte auch ihre Ansprüche. Diese durfte nicht niedlich, nicht pompös oder gar kitschig sein. Bei einem Einkauf im Baumarkt entdeckte ich ein Bastelbuch, das die Herstellung einer wunderbaren Krippe mit Holzscheiten und weißer Modelliermasse beschrieb. So machte ich mich an die Arbeit und gestaltete in unserer Tiefgarage über einige Wochen hinweg Krippenfiguren, ohne dass dies Melanie wusste. Da sie oft früh schlafen ging, hatte ich genügend Nachtstunden, um ungestört daran zu arbeiten. Die Freude und die*

*Überraschung waren sehr groß, als ich an einem Adventsmorgen die Krippe in unserem Wohnzimmer aufstellte.*

## Erwartungen loslassen

Ich musste mir immer wieder sagen: Mein Mann ist nicht Gott. Für mich bedeutete das, nicht von meinem Mann zu erwarten, dass er verantwortlich ist und schauen muss, dass es mir gut bzw. besser geht. Nicht von ihm etwas zu erwarten, was er mir nicht geben kann und auch nicht geben muss. Sondern von Gott zu erwarten, dass Besserung geschieht, Friede einkehrt und dass er die Zukunft formen darf.

## Zukunftswünsche, -fragen und -ängste

Ich wünschte mir immer eine große Familie mit mindestens drei Kindern. Aber nun waren wir wieder zu viert. Mein Kinderwunsch blieb lange Zeit weiter präsent. Aber unsere Ehe stand auf dem Prüfstand. Wir waren von den vergangenen Monaten und Jahren beide erschöpft und spürten, dass wir eine weitere Schwangerschaft – erst recht nicht, wenn nochmals Komplikationen auftreten würden – tragen könnten. So rang ich längere Zeit mit diesem Ist-Zustand und ließ schlussendlich den Wunsch nach einem weiteren Kind los. Für mich war das eine wichtige Zielverschiebung. Weg vom Wunsch nach einem weiteren Kind hin zu einer stabilen, schönen Partnerschaft und Ruhe in unseren Leben.

In dieser Zeit unserer instabilen Ehebeziehung und der Auseinandersetzung, ob ein weiteres Kind ein Thema sei, geschah zudem etwas, was mich zusätzlich zurückwarf. In unserem nahen familiären Umfeld kam es zu einer Scheidung nach über 20 Ehejahren. Dies rüttelte meine Seele zusätzlich stark auf. Ich entwickelte in der Folge Verlustängste was meinen Mann betraf. Diese traten besonders in Momenten auf, wenn Spannungen oder Konflikte da waren. In diesen Augenblicken schwand mein Sicherheitsgefühl. Ich musste lernen, auch damit umzugehen. Ich wollte meinem Mann Freiraum geben, ihn nicht kontrollieren, denn ich war mir bewusst, ihn einengen brächte auf Dauer nichts Gutes hervor. So ließ ich ihn ziehen, fragte ihn aber in Momenten, in denen die Verlustängste besonders groß waren: «Geht es dir gut?» Auch trafen wir die Abmachung, dass ich ihn jederzeit anrufen kann und er dann sofort nach Hause kommt.

## Sexualität

Körperliche Nähe wie Umarmungen und Hände halten taten mir gut. Sexualität zu leben war lange Zeit belastend für mich und in der Folge für uns. Für meine Seele war das alles zu nah und zu viel. Zu viel an meinem Körper erinnerte mich an Micha. Manchmal flossen Tränen beim Sex, weil mich meine Gefühle überrollten. Das war für Markus nicht so prickelnd.

Doch wir blieben dran. Nahmen Höhen und Tiefen in Kauf. Hätte ich nur an mich gedacht, hätte ich die Sexualität wohl in die Ecke gestellt. Doch ich wusste, gelebte Sexualität ist in jeder Ehebeziehung wichtig, aber Markus drängte mich wirklich nie dazu. Ich wusste, Sexualität zu leben, legt einen Grundschutz um die Ehe. Sie nicht zu leben, wäre auf die Dauer für uns nicht gut.

Ein Bekannter von uns, der Sexualtherapeut ist, bezeichnete die Sexualität in einem Seminar als eine Art Ehebunderneuerung – gelebte Verbindlichkeit. Das wollte ich. Ja, Sexualität in der Ehe zu leben schafft Einheit auf einer tieferen bzw. höheren Ebene. Schrittweise kamen wir uns über den Lauf der Zeit körperlich und seelisch wieder näher und eine Entspanntheit kam zurück.

## Gemeinsame Projekte

Stärkend und verbindend erlebten wir neue Projekte. In diesen konnten wir uns mit unseren Stärken ergänzen und Gemeinsames schaffen. So bauten und bepflanzten wir ein großes Hochbeet in unserem Garten. Gemeinsam fingen wir an, besinnliche Ostertage in einem Hotel im Tessin zu leiten. Markus predigte und ich las Gedichte und andere Texte vor und dekorierte jeweils den Raum zum Thema.

Durch unsere persönlichen Erfahrungen wuchs in dieser Zeit der starke Wunsch, andere Ehen zu stärken und zu ermutigen – auch solche in herausfordernden Zeiten. So fingen wir an, gemeinsam Referate mit unserer Geschichte bei kirchlichen Veranstaltungen zu halten. Vier Jahre nach dem Tod von Micha wurden wir von unserer Kirche angefragt, den Bereich «Ehe & Familie» zu leiten. Wir sagten nach einer für uns wichtigen Bedenkzeit zu und prägten diese Arbeit mit viel Freude und Hingabe. Mein Herz blühte wieder auf. Wir selbst wurden durch diese Arbeit sehr in unserer eigenen Ehe gestärkt. Es führte uns wieder näher zueinander. Heute geht es unserer Ehe wieder bedeutend besser. Ich bin dafür sehr, sehr dankbar. Von Anfang an, doch besonders in der Zeit, als wir uns als Paar innerlich entfremdet hatten, pflegten wir einen vorsichtigen, bewussten Umgang miteinander. Wir mussten wohl beide, dass das Eis, auf dem wir stehen, dünn ist. Der Alltag war lange Zeit spannungsgeladen, Schwere hing in der Luft. Unbefangenheit war weit weg. In dieser Zeit haben wir alltägliche Pflichten in Treue abgerackert.

Vieles blieb liegen und staute sich im Keller und Estrich an. Nach etwa drei bis vier Jahren mochten wir uns mehr und mehr langsam an das Aufräumen und Entrümpeln herantasten. Zuvor fehlte uns schlichtweg die Kraft. Bis Lachen und Unbeschwertheit neu in unserem Haus Einzug hielten, sollte es lange Zeit dauern. Es war ein tägliches Weitergehen. Eine Willensentscheidung, dranzubleiben und nicht aufzugeben. Die Hoffnung zu nähren, dass wir das gemeinsam durchstehen, wir beide unser Bestes geben.

Wir haben über die letzten Jahre viel Akzeptanz gegenüber dem anderen gelernt. Dass wir verschieden sind und sein dürfen. Einen unterschiedlichen Umgang mit Veränderungen, Leid, Trauer und Grenzerfahrungen haben. Wir den andern nicht korrigieren brauchen, ihn nicht zurechtrücken in die eigene «Form». In diesem Bereich ist viel Freiheit geschehen und wurden laute und stille Kämpfe beigelegt. Auch deshalb wurde es wohl wieder friedvoller zwischen uns und harmonischer. Nähe und Vertrauen durften neu wachsen.

Schaue ich auf die vergangenen Jahre zurück, dann nicht ohne Wehmut. So gerne bin ich Mami. Ich fühle mich beraubt um die «guten» Jahre, in denen ich Jael und Boas voll genießen konnte.

Die Lebensphase, die in der Regel voller Tatendrang und Lebenskraft steckt, war überschattet von der kräftezehrenden Trauerarbeit. Auch stelle ich fest, dass in dieser Zeitspanne kaum Fotos von Boas und Jael oder uns als Familie entstanden sind im Gegensatz zu der Zeit vor dem Tod von Micha. Das bedaure ich. Und doch ist es, wie es ist. Manchmal denke ich, ich habe die letzten Jahre so viele Tränen geweint, sie würden für den Rest des Lebens reichen. In meinem Herzen glaube ich aber tief und fest, dass meine/unsere «besten Jahre» noch vor mir/uns liegen.

## IMPULS: «Verbindlichkeit»

*«Wenn wir eine tragfähige Ehe aufbauen wollen, dann müssen wir tiefe Fundamente legen.»*[5]

Das tragfähigste Fundament, das sich gerade in leidvollen Zeiten bewährt, ist das biblische Verständnis der Verbindlichkeit in einer Ehe. Die Gratiszeitung «20 Minuten» titelte vor Jahren: «Die Formel für eine glückliche Beziehung.» Im Artikel beschrieb der Autor, dass es verschiedene Zutaten für eine glückliche Beziehung gibt. Ausschlaggebend sei jedoch die Einstellung zur Beziehung, das sogenannte Commitment = sich einer Beziehung verpflichtet fühlen und sich dafür zu engagieren. Üblicherweise bezeugen Ehepaare beim Eheversprechen vor Gott und den Anwesenden, dass sie «in guten und in schlechten Zeiten zusammenbleiben, bis sie der Tod scheidet». So schließen viele Ehepaare ihren «Bund fürs Leben».

*«Ein Mann verlässt seine Eltern und verbindet sich so eng mit seiner Frau, dass die beiden eins sind mit Leib und Seele.»*
Epheser 5,31 (HfA)

Dieser Vers von Apostel Paulus hat seinen Ursprung in der Grundordnung Gottes aus 1. Mose 2,24. Das ursprünglich hebräische Wort, das für «verbindet» verwendet wurde, könnte man auch mit «zusammenlöten / verschweißen» übersetzen. Also etwas zusammenfügen, das man nicht mehr trennen kann. Die Ehe ist biblisch gesehen also eine lebenslange Treueverbindung zwischen einer Frau und einem Mann, bis der Tod die Partner scheidet (Matthäus 19,6 / Römer 7,2-3).

Dieses Bundesverständnis bzw. diese Treue ist gerade in herausfordernden Zeiten zentral wichtig und unterscheidet sich wesentlich von einem Ehevertrag. Ein Vertrag ist ein Rechtsdokument, das die Rechte und Pflichten jeder Partei festhält. Ein Vertrag definiert genau die Art und Menge der Leistungen, die jede Seite bringen muss. Aber eine Bundesbeziehung ist viel tiefer und gründet auf einem gegenseitigen Versprechen auf der Basis von Liebe, Engagement und Verbindlichkeit. Verbindlichkeit ist sozusagen der Schutzpanzer um unsere Beziehung. Das ist deshalb so, weil zu emotionaler Nähe Verletzlichkeit gehört.

Erst wenn wir bereit sind, jemand anderen wissen zu lassen, wie es in uns aussieht, wenn wir über Wünsche und Ängste sprechen können, über Träume und Enttäuschungen, Stärken und Schwächen, dann gibt es wahre emotionale Intimität. Für diese Verletzlichkeit braucht es Vertrauen. Wir machen uns nur dann verletzlich, wenn wir einander vertrauen und wissen, dass das, was wir sagen, nicht gegen uns verwendet wird. Vertrauen braucht Verbindlichkeit. Nur wenn wir wissen, dass der andere bei uns bleibt, in allen Höhen und Tiefen, die eine Beziehung erlebt, dann erst sind wir bereit, zu vertrauen.

Es ist meistens einfach, sich in guten Zeiten in einer Partnerschaft über Wünsche, Träume, Stärken und Höhen auszutauschen. Die große Herausforderung ist, in leidvollen Zeiten über Ängste, Zweifel, Enttäuschungen, Schwächen und Versagen zu reden. Sich trotz allem zu lieben und zueinander zu stehen. Gerade in Krisen sind wir verletzlicher, und Nähe und emotionale Intimität zu leben, fällt uns schwer. Aber aufgrund des tiefen Verständnisses der Verbindlichkeit dürfen wir unserem Ehepartner vertrauen und uns von der verletzlichen Seite zeigen. Auch wenn es schwierig ist zu sagen: «Ich liebe dich und stehe zu dir!»

*«Zwei haben es besser als einer allein, denn zusammen können sie mehr erreichen.»*
Prediger 4,9 (HfA)

*«Ein Seil aus drei Schnüren reißt nicht so schnell.»*
Prediger 4,12 (HfA)

**Unsere Familie – Unser Umfeld**

Der Tod von Micha hatte natürlich auch Auswirkungen auf unsere Kinder und das Zusammenleben als Familie.

Boas, damals fünf Jahre, reagierte mit einer starken körperlichen Unruhe. Zudem lief bei ihm vieles auf der intellektuellen Ebene sehr tiefgründig ab. Fragen über den Himmel oder wie: «Wer ist schuld am Tod von Micha?» wollten von ihm beantwortet werden. «Ist Michas Tod nicht sinnlos?» Echte, ehrliche Fragen – schwierig, diese zu beantworten. Doch mir war es immer wichtig, authentisch zu sein und aus Überzeugung zu antworten. Nicht ausweichend und vom Thema ablenkend. Wie dankbar war ich, dass ich mich selber ernsthaft mit diesen Fragen auseinandergesetzt habe und dadurch eine tiefe Überzeugung in diesen Dingen gereift ist.

Jael reagierte heftig emotional. Ich konnte sie sehr gut verstehen. Gleichzeitig war es für mich noch schwieriger, damit auch noch fertig werden zu müssen. Sie ließ die Trauer anfänglich stark an mir raus. Ob sie mir wohl insgeheim die Schuld am Tod von Micha gab? Oder wütend war, weil ich ohne Micha nach Hause kam? Ich durfte sie in der Anfangszeit nicht mehr wickeln und sie rührte ein halbes Jahr lang ihre Puppe nicht mehr an. Sie entwickelte in dieser Zeit eine sehr starke Bindung zu Markus. Er konnte ihr mehr Halt und Geborgenheit geben. Mich schrie sie oft an und hatte starke Wutausbrüche, die wir vorher nie erlebt hatten. Wir hatten aufgrund der gesamten Situation in dieser Phase entschieden, dass wir Jael erst ein Jahr später einschulen werden. Damit konnten wir ihr und mir einfach noch mehr Zeit geben, Stabilität zurückzugewinnen und eine gesunde Beziehung zueinander wiederzufinden. So hatten wir viel Zeit zusammen, haben gespielt, gebastelt oder waren einfach beisammen. Das hat unsere Verbundenheit wieder gestärkt und uns neuen Boden unter die Füße gegeben.

Anfangs zeichneten unsere Kinder auch Bilder vom Himmel, wo Micha nun wohnt. Oder wie Micha auf dem Rücken eines Adlers in den Himmel getragen wird, zu Jesus.

Sie bemalten Steine, um diese auf das Grab zu legen oder knüpften ein Springseil für Micha, damit er im Himmel Springseilen kann. Wenn sie z. B. für die Schule ein Bild unserer Familie zeichneten, war Micha manchmal auch drauf, manchmal auch nicht. Beides war und ist okay. Oder wenn sie beschreiben müssen, wie viele Geschwister sie haben, wird Micha teils bis heute mit aufgezählt. Micha hat in unserer Familie im Alltag immer auf eine Art seinen Platz. Er wird nicht totgeschwiegen oder ausgeklammert. So ist er ein natürlicher Teil unserer Gespräche und unserer Geschichte geworden. Immer wieder reden wir, dem Alter der Kinder angepasst, ehrlich und ungezwungen über unsere gemeinsame Geschichte.

Auffallend und manchmal fast erschreckend war, welch «feine Antennen» Kinder haben. Sie spüren so vieles im Unterbewussten. Jael sprach oft ganz präzise meine Gefühls- und Gedankenwelt aus. Immer wieder war ich ehrlich verblüfft. Versuchen, etwas zu verbergen, bringt da gar nichts. Da täuscht man sich und die Kinder. Das gibt den Kindern höchstens zu verstehen, dass es nicht sein darf oder soll. Darüber spricht man nicht. Wenn ich innerlich zum Beispiel mit mir rang: «Werden wir nochmals ein Kind haben?» – dies schwankte zwischen Ja und Nein manchmal täglich – sprach Jael an Ja-Tagen aus: «Mami, es wäre schön, nochmals ein Baby zu haben.» Und an Nein-Tagen kam es anders daher. Manchmal empfand ich das nahezu unheimlich, fühlte mich bloßgestellt.

*Markus: So herausfordernd diese Phase in unserem Erleben war, glaube ich, dass diese rückblickend auch sehr wichtig für unsere Kinder und für Melanie war. In dieser Zeit wurde die Beziehung zwischen Melanie und den Kindern noch viel stärker als zuvor und das wirkte sich letztlich positiv auf ihre Entwicklung aus. In diesem Zusammenhang spürte man über all die Zeit, wie Melanie langsam aber sicher aus ihrem Funktionsmodus herauskam und die persönliche Begleitung unserer Kinder ein wichtiger Schritt zurück ins Leben wurde.*

Zwei Jahre nach dem Tod von Micha entschieden wir uns als Familie für ein neues gemeinsames Projekt. Wir kauften zwei junge Zwerghasen. Ein Geschwisterpaar – Ein Männchen für Boas, ein Weibchen für Jael. Doch nur eine Woche später, Markus war gerade in Island, starb der Zwerghase von Jael. Das kommt bei jungen Zwerghasen öfters vor, ließ man mich wissen. Das war emotional für alle wiederum sehr schwierig. Jael und ich wurden in unserer Trauer wieder zurückgeworfen – ich fühlte mich allein und überfordert. Ich schrie zu Gott: «Wie kannst du das zulassen? Was passiert jetzt mit Jaels Herz? Mit ihrem Glauben? Warum mutest du das Jael jetzt auch noch zu?» Dass Zwerghasen nicht so lange leben und auch irgendwann sterben, war mir schon klar und der Tod eines Haustieres ist etwas Natürliches. Ich hätte meine Kinder gerne auch auf diesem Weg sinnvoll begleitet. Aber so rasch, auf diese Weise und in unserer Situation? Das konnte doch alles nicht wahr sein.

An diesem Abend rief mich eine Frau aus unserer Kirche an, welche durch eine herausfordernde Kindheit gegangen war. Eine anteilnehmende, starke und Mut machende Frau. Ihre Worte nach langem Zuhören werde ich nie vergessen: «Was hat Gott mit Jael vor, dass er sie so stark zurüstet?» Diese Worte trösteten mich. Einen Perspektivenwechsel – den brauchte ich. Mut kehrte zurück. Und ich wurde ruhig. Wir kauften dann ein weiteres Zwerghäschen, damit das andere nicht allein war und Jael wieder eines hatte. Wir freuten uns, wenn es auch nicht mehr dasselbe war ... aber auch dieses starb nach einem Jahr. Wieder das Zwerghäschen von Jael. Das Häschen von Boas war «quietschfidel». Nun, ich musste es Gott überlassen, was mit ihrem Herzen geschieht. Interessanterweise sagte Jael mir ein halbes Jahr später, als sie die Tageslosung *«Alles kann ich durch Christus, der mir Kraft und Stärke gibt»* (Philipper 4,13, HfA) zog: «Mami, dieser Vers hat mir geholfen, als meine Zwerghäschen starben.» Ich war erstaunt und tief berührt. Gott ist größer. Bei Jael kehrte langsam immer mehr Lebensfreude zurück. Heute freue ich mich von ganzem Herzen, wenn ich sie von Herzen lachen höre. Sie ist eine zarte, sensible Persönlichkeit. Gleichzeitig erlebe ich sie auch stark und tröstend, barmherzig. Ich denke, vieles wurde in diesen herausfordernden Jahren trainiert. So hat alles zwei Seiten.

Eine große Herausforderung waren für mich des Weiteren Feste aller Art. Geburtstagspartys waren lange Zeit bedrohlich für mich. Viele Menschen um mich, Freude in der Luft, Fröhlichkeit, Lachen. Ich fühlte mich oft fehl am Platz. Wollte keine Spaßbremse sein. Innerlich fühlte ich mich oft einsam. Lange Zeit war mir nicht mehr nach Lachen zumute. Nach Small Talk schon gar nicht. Dann lieber Schweigen. Bei solchen Anlässen zog ich mich öfters in die Gegenwart der Kinder zurück. Hier konnte ich besser ich selbst sein. Manchmal zog ich mich auch aufs WC zurück. Dort flossen stille

Tränen. Später ging ich dann neu gefasst zurück unter die Feiernden. Verrückt war zudem, dass, wenn ich unter vielen Menschen war, ich mich innerlich einsam fühlte. War ich allein, fühlte ich mich ebenfalls einsam, einfach irgendwie anders. Ich denke nicht gerne an diese Zeit zurück. Von meiner Persönlichkeit her bin ich grundsätzlich ein geselliger Mensch. Doch in diesen Jahren überwog die Einsamkeit. Ich war vorwiegend gerne mit Menschen zusammen, bei denen ich viel Freiheit spürte, ich selbst zu sein. Menschen, die ehrlich Anteil nahmen und vor allem die Trauer mit allem Seelenschmerz und Gefühlschaos aushielten. Leider waren das nur wenige Menschen in unserem Umfeld. Doch es gab sie.

*Markus: Mit der Zeit wurde für mich diese Gratwanderung zwischen Beziehungen gegen außen pflegen und uns zurückzuziehen sehr belastend. Ich spürte, dass es für Melanie wichtig war, sich wieder unter Leuten zu bewegen. Gleichzeitig waren diese Begegnungen für mich mit einer großen Spannung verbunden. Oft dauerte es nicht lange, bis Melanie über den Tod von Micha sprach und das Gespräch und die Atmosphäre von unserer leidvollen Situation geprägt war. Ich für mich wollte ungezwungen wieder am Leben anderer teilhaben und mit anderen Leuten das Leben teilen – ohne unsere Geschichte in den Vordergrund zu stellen. Die persönliche Situation von Melanie ließ dies jedoch so nicht zu und viele Treffen mit Freunden wurde so für mich eine Belastung. Der einfachere Weg war dabei für mich, dass wir uns eher zurückzogen und wir uns nicht zu oft solchen Situationen aussetzten.*

Etwas, das für mich eine Zeit lang auch schwierig war, war Folgendes: Als Boas und Jael im Alter waren, dass sie in die christliche Pfadi gehen konnten, wünschten mir manchmal einige Eltern und Leiter: «Einen schönen Nachmittag. Genieß die freien Stunden.» Nichts ahnend natürlich.

Ich dachte mir: Meine Güte, wenn sie wüssten ... Für mich war dies alles andere als einfach. Für mich war diese erste Zeit sehr schmerzhaft. War ich mir doch nur allzu sehr bewusst, dass ich unter normalen Umständen jetzt Micha bei mir hätte. Kaum im Auto flossen die Tränen in Strömen und ich trauerte um Micha, die verlorenen Träume und gemeinsame Zukunft. Ein Indikator, an dem ich sah, dass es mir wieder zunehmend besser ging, war die Tatsache, dass ich gerne wieder mit Menschen zusammen sein mochte.

## Meine Freundinnen / Mein Freund

Die ersten Tage und Wochen haben wir unser Umfeld stark betroffen erlebt. Tröstende Karten und anteilnehmende Gesten, insbesondere in Form von Geschenken, erreichten uns.

Gesamt gesehen habe ich unsere Lieben größtenteils in Begegnungen sprachunfähig, hilflos, überfordert und wenig «Hand bietend» erlebt. Würde man mich fragen, ob ich von Menschen «gehalten» oder «allein gelassen» wurde, müsste ich ehrlicherweise «allein gelassen» antworten. Lange Zeit habe ich das persönlich genommen. Es hat mich sehr verletzt. Ich dachte, vielleicht bin ich ihnen nicht so wichtig, vielleicht habe ich mich einfach getäuscht in dem, was ich ihnen bedeute. Wichtige Stützen und Beziehungen brachen weg. Sie waren einfach nicht mehr da. Das tat weh. Hätte ich sie doch jetzt mehr denn je gebraucht. Viel Vertrauen in Menschen ging verloren.

Geholfen hat mir auf meinem Weg, dieses Alleingelassensein gegenüber nahestehenden Menschen ehrlich anzusprechen. Auch nach zwei, drei Jahren – oder noch später. Das half mir, in Beziehung zu diesen Personen zu bleiben und gemeinsam in die Zukunft zu gehen. Aber nicht für alle Beziehungen konnte ich diese Kraft aufbringen. Auch die bewusste Entscheidung, in dieser Hinsicht zu vergeben und loszulassen, half mir. Meine Bitterkeit und negativen Empfindungen wichen. Jahre später hat mir jemand aus der Kirche einmal dazu gesagt: «Weißt du, Melanie, wir waren so geschockt und in der Folge handlungsunfähig.» Diese Aussage trifft es wohl sehr gut. Im Kapitel «Praxis-Tipps» (ab Seite 117) möchten wir deshalb bewusst einige Punkte aufzählen, die für Personen in ähnlichen Situationen hilfreich sein könnten.

Um es in den Worten von Hiob zu sagen:

*«Wer so verzweifelt ist wie ich, braucht Freunde, die fest zu ihm halten, selbst wenn er Gott nicht mehr glaubt.»*
Hiob 6,14 (HfA)

Ich durfte erleben, wie sich drei starke, barmherzige Frauen in dieser schwierigen Zeit, jede auf ihre eigene Art, an meine Seite gestellt hatten. Frauen, von denen ich zwei zuvor nicht einmal wirklich gekannt hatte. Sie hielten aus, was kaum zum Aushalten war. Konnten ehrlich sagen, wie es auch ihnen ergeht und dass ihnen die Worte fehlen. Sie haben mir ein offenes Ohr geschenkt, mir hie und da eine Karte geschrieben, ein Windlicht geschenkt. Es waren nicht die großen Dinge, es waren die Kleinigkeiten, die Zeichen der Anteilnahme und der Liebe, die mich sehr berührt hatten und mir zu verstehen gaben, dass sie und Gott mich nicht vergessen haben. Dies primär in Taten und nicht mit (frommen) Worten. Eine von ihnen lud mich regelmäßig zu ihr auf den Bauernhof draußen auf dem Land ein. Da konnten unsere Kinder zusammen spielen. Wir tranken einen Kaffee, meistens machte sie sich sogar die Mühe und backte extra etwas für uns. Diese Gastfreundschaft und der Ort der Ruhe waren Balsam für meine Seele. Von diesen Nachmittagen zehrte ich daraufhin lange. Ich werde es diesen Frauen nie vergessen, wie viel Gutes sie mir getan haben.

*Markus: Kurz vor unseren stürmischen Zeiten lernte ich durch Bekannte einen Familienvater kennen, der im gleichen Dorf wohnt wie wir. Wir verstanden uns von Beginn an sehr gut und so verabredeten wir uns für ein regelmäßiges Feierabendbier. Etwa alle ein, zwei Wochen. So war es in der schwierigsten Zeit meines bisherigen Lebens und so ist es bis heute! Einen Freund an der Seite zu haben, ist Gold wert! Ich konnte mit ihm über alles reden, wonach mir gerade war. Einmal über das Leid, einmal über die Fußballresultate. Ich wusste einfach, dass auf ihn Verlass ist, er an meiner Seite bleibt, und so trug diese tiefe und vertrauensvolle Freundschaft durch diese Zeit hindurch.*

*Gerade in Bezug auf mein Versprechen an Melanie, auch in dieser schwierigen Zeit an ihrer Seite zu bleiben, war er mir eine große Hilfe. Ich bat ihn konkret, dass er mich jederzeit darauf hinweisen dürfe und solle, wenn in meinen Formulierungen oder meinen Plänen Äußerungen zu finden wären, die nicht für die Erhaltung unserer Beziehung sprechen würden.*

## Stürmischen Zeiten und das Leben danach

### Das Grab

Das Grab auf dem Friedhof ist ein guter Ort. Ich war dankbar, wenn wir dort hingehen konnten. Zu Hause wollten wir keinen «Micha-Platz» einrichten. Wir wollten diese Schwere nicht sichtbar machen. Zu Hause wollten wir, dass trotz allem ein Ort des Lebens ist. Es war wertvoll, als ganze Familie gerade anfangs die Grabpflege durchzuführen. Aus der frischen Erde große Steine raussuchen. Da halfen die Kinder tüchtig mit. Und später gemeinsam Blumen anzupflanzen. Es tat gut, etwas für Micha «tun zu können».

Allerdings muss ich an dieser Stelle auch sagen, dass ich zur Anfangszeit in meiner tiefsten Verzweiflung manchmal am liebsten mit meinen bloßen Händen die Erde weggebuddelt hätte, um zu meinem Kind zu gelangen. Lange Zeit dachte ich, man hätte mich mit in den Sarg legen können, es hätte keinen großen Unterschied für mich gemacht. Am Grab spürte ich den Schmerz besonders oft, dass ein Teil meines Herzens mit Micha gestorben ist. So groß war der Herzschmerz. So muss sich eine Amputation anfühlen, dachte ich mir. Doch mir ist wichtig zu sagen, dass ich nie suizidgefährdet war. Das ist nicht dasselbe. Ich hatte den Lebenswillen zu keinem Zeitpunkt verloren.

Das Grab von Micha liegt zwischen Erwachsenen. Das hat mich nie gestört. Einige Bekannte haben allerdings darauf reagiert. Sie fanden das deplatziert. Es gibt Friedhöfe, da haben Kinder einen separaten Kinderbereich. Auf unserem nicht. Wir als Ehepaar glauben, dass «nur» der Körper von Micha in der Erde liegt. Die Seele von Micha ist im Himmel, bei Jesus. Deshalb hat das Ganze für uns sowieso eine etwas andere Perspektive und Gewichtung.

Außer, dass es sein kann, dass Michas Grab dadurch eines Tages früher geräumt wird. Ich habe einmal gehört, dass das bei Kindergräbern im separaten Bereich anders sein soll. Da bleibe das Grab bestehen, solange die Eltern leben. Dies hingegen finde ich einen schönen Gedanken. Doch das nehmen wir dann, wie es kommt. Ich ging anfangs fast täglich zum Friedhof. Dieser Ort des Innehaltens, der Ruhe und des bewussten Raumes zur Trauer tat mir gut. Wie oft fand ich mich tief schluchzend und weinend vor. Doch es war heilsam.

*Markus: Zu wissen, dass Micha ein schönes und gepflegtes Grab hat, bedeutet mir viel. Aber für meinen Weg der Verarbeitung war das Grab selbst kein zentraler Ort, der mir wichtig war. So zog es mich persönlich nicht so oft an Michas Grab, wie das bei Melanie der Fall war. Wenn ich mich zum Grab aufmachte, stand ich oft hilflos und sprachlos davor, und das half mir kaum. Ja, ich konnte in der Nähe von Michas Körper sein, aber ich fühlte mich ihm näher, wenn ich an einem Feuer saß und über ihn nachdachte, als wenn ich am Grab stand. Auch da lag ein großer Unterschied der Verarbeitung des Erlebten zwischen Melanie und mir.*

Mit der Zeit besuchte ich das Grab weniger oft. Es geschah allmählich, natürlich. Noch heute pflegen wir das Grab selbstständig. Ich lege noch immer gerne selbst gemachte Gestecke, Kränze etc. dorthin. Eine Krone auf dem Grab erinnert mich symbolisch daran, dass der Tod nicht das letzte Wort hat. Dass der Tod besiegt wurde, seine Macht gebrochen. Das Leben stärker ist.

Den Grabstein von Micha haben wir erst nach ca. eineinhalb bis zwei Jahren anfertigen lassen. Zuvor reichte die Kraft nicht aus. Wir wollten es nicht einfach «hinter uns bringen». Dieser Schritt kostete insbesondere mich nochmals viel Kraft.

Wir haben uns viel Zeit als Familie gelassen, einen für uns passenden Stein und das Format auszuwählen. Den Bildhauer erlebten wir äußerst einfühlsam, reif im Wesen und sehr entgegenkommend. Er erlebte «unser Zeit lassen» zu diesem Schritt sehr positiv. Seine Erfahrung sei, dass die meisten Menschen den Grabstein möglichst rasch anfertigen lassen, um es einfach zu erledigen und hinter sich zu bringen. Er sagte, bei uns beobachte er einen Prozess. Einen guten Prozess. Zudem ging er auch wunderbar auf Boas und Jael ein. Für sie war der Besuch im Bildhauergeschäft natürlich auch interessant und entdeckungsreich.

### Die Micha-Box

Wir haben vom Kinderspital St.Gallen eine rechteckige farbige Kartonbox mit liebevollen Erinnerungsstücken von Micha aus den Stunden im Spital erhalten.

Fuß- und Handabdrücke von unserem Sohn, Fotos von der Zeit auf der Intensivstation. Zudem Fotos, auf denen Micha verstorben in einem schönen geflochtenen Korb liegt und die blauen Babykleider trägt, welche wir ihm gekauft hatten.

Wir haben diese Box durch verschiedene Erinnerungsstücke ergänzt. So z. B. durch die Ultraschallbilder während der Schwangerschaft, Predigtnotizen von der Beerdigung, Bibelverse, Zeichnungen und selbst Gebasteltes von Boas und Jael für Micha. Eine besondere Karte, die einige Teenagermädchen an Micha geschrieben hatten, welche eine große Wichtigkeit für mich hat.

Diese Erinnerungsbox hat anhaltend Bedeutung für uns, wenn sich auch die Häufigkeit, mit der wir diese zur Hand nehmen, verändert hat. Es ist kostbar zu wissen, dass diese dauerhaften Erinnerungen so nah sind.

## Mein Gottesbild

Wie hat sich unsere Geschichte mit Micha auf mein Gottesbild ausgewirkt? Ich möchte versuchen, das zu umschreiben.

An den Anfang stelle ich gerne ein Sprichwort, das ich einmal gehört habe. «Erzähl mir deine Geschichte (Biografie) und ich sage dir, wer Gott für dich ist.» Ich denke, daran ist viel Wahres. Was wir erleben, hat Auswirkungen auf unser Gottesbild. Kann es sein, dass Gott uns in der Bibel deshalb sagt, dass wir uns kein Bild von ihm machen sollen?

Nun, ich kann sagen, dass ich Gott von ganzem Herzen liebe. Er war und ist mein Leben. Er ist meine Stärke. Er ist mein Fels! Er ist der Gott, der Bestand hat in den Stürmen des Lebens. Er ist es wert, dass ich ihm nachfolge.

Hätte ich früher vielleicht eher einseitig betont: Gott ist ein Gott, der Wunder tut, Menschen heilt, Gebete erhört, einen Plan hat mit meinem Leben, ein verlässlicher Vater und Menschenfreund, ein Gott, der spricht, allmächtig ist, heilig, dass ihm Ehrfurcht gebührt, so würde ich dem heute noch voll und ganz zustimmen. Und doch hat sich da bei mir einiges in den vergangenen Jahren in Bezug auf mein Gottesbild verändert. Ich will damit nicht sagen, dass es schlechter oder bösartiger geworden ist. Es wurde erweitert.

Was ich sagen möchte, ist, dass ich einfach Seiten an Gott kennengelernt habe, die mir früher eher verborgen waren. Gott erkennen ist Stückwerk.

Heute würde ich unter anderem ergänzen: Gott ist ein Gott, der sehr viel aushält. Sehr viel aushalten muss, was in den Leben von Menschen und auf der Welt passiert. Er bleibt da, standhaft, verlässlich und hält die Stellung und Kontrolle. Vieles, was übel läuft, geht auf das Konto der Menschen. Das verleugnen wir gerne und geben ihm die Schuld dafür. Ich glaube, dass Gott alles, wirklich alles mit uns aushält, trösten, tragen, helfen, heilen und wiederherstellen will. Doch es ist einfach eine Tatsache, dass wir in einer gefallenen Welt leben. Der Teufel ist am Werk, Menschen und Beziehungen zu zerstören, von Gott fernzuhalten, Lügen zu säen, wo er nur kann.

Ich habe erkannt, dass Gott durchaus auch schweigsam sein kann, geheimnisvoll in seinem Wirken. Es ist nicht so, dass da keine tiefen Gedanken und Absichten Gottes sind, doch sie sind mir nicht immer zugänglich. Ich als Person bin ein denkender Mensch, der «alles verstehen möchte». Ich grabe gerne tief. Das hat durchaus seine guten Seiten. Im Fall von Micha wurde es mir zur Not. Ich rang um Antworten und um Gottesnähe.

Es gibt wohl Menschen, die einen solchen Verlust erstaunlich «hinnehmen» und akzeptieren können. Bei mir ging das nicht. Wohl auch deshalb, weil ich ein ausgeprägter Familienmensch bin, ein Kämpferherz in mir trage und einen hohen Gerechtigkeitssinn habe. Manchmal greift Gott ein, manchmal greift Gott aber auch nicht ein. Nicht immer ist das, was in unseren Augen gut und richtig ist, recht in den Augen Gottes. Seine Wege und Gedanken sind nun mal einfach höher als unsere. Und da fängt für mich das Vertrauen an. Vertraue ich ihm, auch da wo ich ihn nicht verstehe? Ich kann dennoch vertrauen, denn dies hat mit Beziehung zu tun. Ich denke über die letzten Jahre wurde mein Glaube viel, viel tiefer gegründet. Er ist bedeutend weniger abhängig von den Umständen oder den Gefühlen. Ich lasse Gott die Freiheit, sich mir nicht «erklären» zu müssen. Denn ich bin an seinem Herzen ruhig geworden. Quälende Fragen durften niedergelegt werden. Ich habe heute ein tiefes Vertrauen in Gottes Weisheit und Führung.

Das Geschehen am Kreuz hat für mich eine tiefere Bedeutung und Dankbarkeit bekommen. Was Jesus am Kreuz für mich bezahlt hat, hat für mich zu einem tieferen Verständnis geführt. Sein Weg des Gehorsams führte ihn in den Zerbruch und kostete ihn letztendlich das Leben. Auch er brauchte einen Lastenträger, denn das Kreuz wurde in seinem gebrochenen Zustand «zu viel» für ihn, um es nach Golgatha hochzuschleppen. Er durchlebte nicht nur das Gefühl der Gottverlassenheit, er erlebte die Gottverlassenheit. Was für ein großer Unterschied! Diese Erkenntnis brachte mir näher, was Jesus für mich getan hat. Beim Kreuz habe ich einen Ort, wo ich alle meine Schuld und Grenzen abladen durfte und Befreiung erlebte. Ich nehme das, was Jesus für mich getan hat, heute nicht mehr in gleicher Weise als «selbstverständlich». Es hat einen viel tieferen Wert erhalten. Dort am Kreuz war der Ort, an dem ich Menschen von ihrer Schuld an mir freisprechen und dadurch eine große Last ablegen konnte. Es ist so, als konnten schwere Steine aus meinem Rucksack, die ich mit mir schleppte, beim Kreuz abgeladen werden. Ich konnte leichter weitergehen. Mein Herz wurde zunehmend wieder weiter.

Ich wurde in den letzten Jahren auch schuldig an Menschen. Durch meine Momente der Verzweiflung und meine Grenzen mit ihren Auswirkungen. Allen voran an meinem Mann und meinen Kindern. Mein Mann hatte einige Jahre keine «richtige» Partnerin mehr. Ich war da, aber kein wirkliches Gegenüber. Ich war so in Trauer versunken. Wie einsam muss auch er gewesen sein.

Meine Kinder habe ich auch nicht immer so behandelt, wie das gut gewesen wäre. Nicht dass ich nicht wollte, ich stand zeitweise so weit neben mir. War einfach überfordert. Ich sah mich zusehends in einem schlechten Bild, unzureichend. Es war für mich heilsam in meinem Blick auf mich selber, dass Gott mir über Menschen, die ich nicht kannte und die somit auch nicht einmal wussten, dass ich Kinder habe, sagte, dass ich eine gute Mutter sei für meine Kinder. Das richtige Mami für meine Kinder. Das war ein Wendepunkt. Denn was du über dich denkst, hat Auswirkung auf deine Gefühle und dein Tun.

Ich denke heute auch, dass ich für meine Freundinnen manchmal eine Zumutung war mit all meinen Nöten und allem, was ich mir von der Seele reden musste. Insbesondere auch deshalb, weil ich ihnen in den Jahren nach Michas Tod kein wirkliches Gegenüber war, ich an ihrem Leben nicht ausreichend teilnehmen konnte. So sehr war ich im Tunnel gefangen. Das zu erkennen, war für mich nicht so «schön». So wurde ich unbewusst auch schuldig an ihnen. Gleichzeitig wurde mir das Herz des himmlischen Vaters viel vertrauter. Wenn ich zurückdenke, wie viel mir der Tod von Micha zusetzte, welches Herzensleid ich dabei ertrug, stellte sich mir unweigerlich die Frage, wie es wohl Gott-Vater dabei erging, seinen Sohn Jesus so leiden zu sehen am Kreuz? Jesus war sein einziges Kind. Schon mal diese Tatsache spricht für sich. Ich komme zu keinem anderen Schluss, als dass Gott seine geliebten Menschen so sehr liebt, dass er diesen Tod deshalb «in Kauf nahm». Obwohl es ihm das Vaterherz gebrochen haben muss. Er tat es für uns Menschen. Er gab das Leben Jesu (gewissermassen sich selbst), damit wir leben können. Sein Motiv war Liebe. Restlose Liebe, die nichts zurückhält und freiwillig sein Liebstes gibt. Es muss den himmlischen Vater alles gekostet haben. Und Jesus ging diesen Weg des Gehorsams aus Liebe und Vertrauen zum Vater und den Menschen. Vater und Sohn sind eins. Jesus ging diesen Weg, weil er eine viel tiefere Sicht hatte, wozu das gut sein sollte. Nämlich damit wir mit Gott-Vater versöhnt sein können. Vergebung finden können für unsere schlimmsten Sünden. Beziehung haben können mit ihm. Einen Ort der Annahme und des Friedens haben können, dort bei ihm. Dazu lädt er uns ein.

Ja, ich habe diese Vaterliebe, diese bedingungslose Annahme bei ihm gefunden und erlebt. Dieses Angenommensein. Bei Menschen hatte ich oft das Gefühl nicht zu genügen, schon weiter sein zu müssen auf meinem Weg, als ich es war und konnte. Dass es gut und an der Zeit wäre, wenn ich wieder leistungsfähiger wäre. Erst recht lustiger. Bei Gott hatte ich dieses Gefühl nie. Er stellte vieles in mir wieder her. Räumte vielleicht sogar auch manche Lüge aus dem Weg, die ich viele Jahre glaubte und lebte, seit Kindertagen.

Durch alles hindurch hat die Ehrfurcht vor Gott in den letzten Jahren bei mir zugenommen.

In dieser schwierigen Zeit war für mich ein Symbol mit Bezug zu meinem Gottesbild, welches mein Mann immer wieder erwähnte, wichtig geworden: Das Mosaik-Bild.

Ich habe verschiedene Aspekte «erkannt» – aber es gab und gibt immer wieder Situationen in meinem Leben, in denen neue Teile, neue Farben ... dazugekommen sind. In dieser schwierigen Zeit kamen verschiedene Steine dazu. Zum Beispiel:

**➜ Der Stein des «Verborgenen Gottes»**
Gott wo bist du? Seine Antwort darauf: Wo bin ich nicht?

**➜ Der Stein des «Schweigenden Gottes»**
Eine Zeit, in der Gott nicht so konkret zu mir geredet hat, wie ich mir das gewünscht habe. Da war Einsamkeit, gefühlte Verlassenheit, Wüste ... auch da ist Gott!

Mein Gottesbild ist vielfältiger, reicher, breiter und farbiger geworden.

Er ist für mich ein so barmherziger Gott. So voll Gnade, denn als ich am Boden lag, nicht mehr konnte, Menschen an mir vorübergingen, erreichte mich seine Gnade so stark. Nichts konnte ich ihm bringen als nur mein gebrochenes Leben. Und dieser himmlische Vater sammelte mich auf. Das werde ich nie vergessen. Deshalb ist meine Liebe zu ihm in die Tiefe gewachsen! Diese erlebte Liebe und Barmherzigkeit Gottes hat mich verändert. Deshalb ist mir die Gnade heute besonders wertvoll. Ich habe erlebt, dass sie weit trägt. Ja, bei Jesus habe ich Frieden gefunden und vertraue seinen Worten, die er mir damals vor Jahren durch fremde Menschen zusprach, bevor Micha geboren wurde: «Nichts ist vergeblich oder verloren.» Bei Gott ist es das nie.

Fast fünf Jahre nach Michas Tod schenkte mir an einer christlichen Konferenz eine mir unbekannte Frau eine echte Perle mit den Worten: «Du bist eine echte Perle, keine gezüchtete.» Ihre Worte berührten mich. Ließen mich seitdem nicht mehr los. Ich habe mir später in Ruhe diese Worte aufgeschrieben, um sie im Strudel des Lebens nicht zu vergessen. Zurück zu Hause kam mir eine Tasse, die bei uns im Geschirrschank steht, mit folgendem Spruch in den Sinn:

## Das Wunder der Perle

Man erzählt sich die Geschichte einer Perle hier am Strand. Sie entstand in jener Muschel durch ein grobes Körnchen Sand. Es drang ein in ihre Mitte und die Muschel wehrte sich. Doch sie musste damit leben und klagte: Warum ich?

*«Eine Perle wächst ins Leben, sie entsteht durch tiefen Schmerz.*
*Und die Muschel glaubt zu sterben. Wut und Trauer erfüllt ihr Herz.*
*Sie beginnt es zu ertragen, zu ummanteln dieses Korn.*
*Nach und nach verstummt ihr Klagen und ihr ohnmächtiger Zorn.*
*Viele Jahre sind vergangen. Tag für Tag am Meeresgrund*
*schließt und öffnet sich die Muschel. Jetzt fühlt sie sich kerngesund.*
*Ihre Perle wird geboren. Glitzert nun im Sonnenlicht.*
*Alle Schmerzen sind vergessen, jenes Wunder jedoch nicht.*
*Jede Perle lehrt uns beten, hilft vertrauen und versteh'n,*
*denn der Schöpfer aller Dinge hat auch deinen Schmerz geseh'n.*
*Nun wächst Glaube, Hoffnung, Liebe, sogar Freude tief im Leid.*
*So entsteht auch deine Perle, sein Geschenk für alle Zeit.»*
Sören Kahl

Ein Bekannter schenkte mir etwa ein Jahr darauf ebenfalls an einer Konferenz, an die ich meinen Mann beruflich begleitete, zwei wunderschöne Karten, nachdem wir länger miteinander über unsere Leben gesprochen hatten. Auf die eine möchte ich hier etwas näher eingehen.

Auf der Karte ist ein Meteorit sichtbar, welcher mit Kraft einschlägt. Auf den ersten Blick zerstört und verwüstet er ungemein viel. Lässt Asche zurück. Darum herum sind verschiedene Diamanten sichtbar, welche strahlend schimmern und leuchten. Dazu sagte er mir folgende Worte: «Ein Meteorit, der einschlägt, formt danach die schönsten Diamanten.» Seine Worte machten mir ungemein Mut.

*Markus: Mein ganzes Leben mit Gott gleicht einer Achterbahn. Nicht mein Glaube, sondern mein Leben mit dem steten Glauben an Gott. In meiner Kindheit und in den Jugendjahren habe ich Gott mehrfach übernatürlich erleben dürfen; habe mit eigenen Augen gesehen, wie Gott Krankheiten geheilt und übernatürlich eingegriffen hat. Das stärkte, formte und prägte mein Glaubensfundament. Gleichzeitig erlebte ich aber auch in verschiedenen Formen, wie herausfordernd Fragen und Lebensumstände sein können, in denen Gott nicht in derselben Weise handelt und eingreift. So hatte ich zum Beispiel während meiner Ausbildung zum Pastoralassistenten die Möglichkeit, verschiedene Missionsreisen zu begleiten. Unter anderem eine Reise nach Bungui, der Hauptstadt der Republik Zentralafrika – dem drittärmsten Land der Welt – oder in ein Land, in welchem Christen unterdrückt und verfolgt werden. In dieser Zeit reiften mein Glaube und meine persönliche Theologie. Einfache christliche Antworten und ein von Wohlstand geprägtes Evangelium reichten da nicht mehr aus. Aber genau dort erlebte ich den Glauben an Gott in allen Herausforderungen und leidvollen Situationen als enorm stark und prägend.*

*Aber auch persönlich erlebte ich bereits vor dem Tod von Micha Zeiten des Zerbruchs und des Zweifelns. In all jenen Jahren lernte ich dadurch, dass Gott da ist – in allen Höhen und auch Tiefen des Lebens und Glaubens. Deus adest – Gott ist da! Ein fester Halt und meine Zuversicht.*

*So setzte ich mich schon früh mit den verschiedensten Aspekten des Glaubens, der Theologie und des Lebens auseinander. Während einer Predigtvorbereitung zum Thema «Gottesbild» prägte mich der Gedanke an ein Mosaik. Melanie ging bereits etwas darauf ein. Mir wurde wichtig, dass ich in meinen Gedanken mit der Einstellung unterwegs bin, dass ich als Mensch nur einen kleinen Ausschnitt, einen kleinen Teilbereich des Gottes-(Mosaik-)Bildes erkenne und dieses auf verschiedene Arten erweitert werden kann. Ich habe mich früh entschieden, dass ich weitere Aspekte von Gott «sehen», erkennen und erleben möchte.*

*Unser Gebet und Herzenswunsch in der Zeit vor Michas Tod, brachte diese Haltung zum Ausdruck. «Herr, vertiefe unsere Ehe, unsere Leben und unseren Dienst. Erweitere unser Gebiet» (siehe Prolog). Mit dem Tod von Micha kamen weitere Mosaiksteine zu meinem Gottesbild dazu. Bibelstellen, die ich früher mit anderen Augen gelesen hatte, bekamen plötzlich eine andere Tiefe und Bedeutung. Wer einmal sprachlos vor Gott steht, durch dunkle (Lebens-)Täler schreitet und die ganze «Happy-Clappy,-du-musst-nur-glauben»-Theologie als Hohn empfindet, der sieht Gott und sein Wort mit anderen Augen und mit einem anderen Herzen.*

*«Gott möchte unser Vertrauen!» Das wurde zum Leitsatz meines Lebens – in allem, durch alles, trotz allem! Auch wenn ich Dinge und Gott teilweise nicht verstehe, ich es mir menschlich anders gewünscht hätte und ich sein übernatürliches Eingreifen kurz vor dem Tod von Micha oder in der Zeit der jahrelangen Trauer meiner Frau und den damit verbundenen Herausforderungen anders erwartet habe. Aber Gott ist Gott und bleibt Gott, auch ohne mein Verstehen.*

*In allem und durch alles ist mein Vertrauen auf Gott größer und stärker geworden. Er kann alles, muss aber nicht alles. Wir dürfen ihm trotzdem vertrauen.*

*«Aber alle, die auf den Herrn vertrauen, bekommen immer wieder neue Kraft, es wachsen ihnen Flügel wie dem Adler. Sie gehen und werden nicht müde, sie laufen und brechen nicht zusammen.»*
Jesaja 40,31 (GNB)

*Dieser Bibelvers begleitet mich schon mein ganzes Leben. Dieses «nicht müde werden» und «nicht zusammenbrechen» im Vertrauen auf den Herrn, meinen Gott, habe ich in dieser besonders herausfordernden Zeit in meinem Leben auf eindrückliche Weise erlebt. Vertrauen heißt für mich in diesem Bild, meine Arme, bzw. Flügel auszustrecken und mich von Gott tragen zu lassen. Wenn ich nicht mehr konnte, konnte er!*

## Die Gottesdienste / Die Kirche

Es ist mir heute ein tiefes Herzensanliegen, dass gerade in den Kirchen die Breite des Wesens und der Führungen Gottes gelehrt und gelebt werden. Nicht nur vorwiegend «Gott tut Wunder und er heilt». Diese einseitige Theologie ist mir persönlich zu einfach, zu flach und zu oberflächlich. Auch die grundlegende Wahrheit, dass Wunder manchmal auch ausbleiben, braucht es, dass Gott nicht auf die gewünschte Art und schon gar nicht in unserem gewünschten Tempo eingreift. Ich glaube, in dieser Kombination liegt eine große Kraft verborgen. Das ist das Leben. Gerade wo Leid und Not gerne vermieden werden, auch in der Lehre, da leben wir aus meiner Sicht einen realitätsfernen Glauben. Wir verdrängen. Dieser Glaube wird, wenn es rüttelt und schüttelt, keinen Bestand haben. Wir rüsten auf diese Weise Menschen nicht zu. Sei dies, was Stürme des Lebens anbelangt. Wie gut tun wir daran, wenn solide biblische Grundlagen in «guten Zeiten» gelegt werden. Ich beobachte seit vielen Jahren, dass die schwer verdaulichen Themen wie Leid, Schicksalsschläge und Not in unseren Breitengraden meiner Meinung nach im Allgemeinen bedeutend zu kurz kommen. Mich dünkt, als dürfe es irgendwie nicht sein. Wir sind irgendwie sprachunfähig geworden. Vielleicht liegt es auch daran, dass diese Themen unbequem sind, positive Gefühle rauben und wenig «werbend» für kirchenferne Menschen sind. Kann das sein? Aus Gesprächen mit anderen Menschen, die beruflich oder im privaten Umfeld mit vielen Nöten und Leid konfrontiert werden, stelle ich fest, dass sie das ähnlich wahrnehmen.

## Ausgewogene Predigt- und Lehrinhalte

Die Bibel schweigt nicht zum Thema Leid. Gott sei Dank tut sie es nicht! Gott sei Dank steht z. B. das Buch Hiob in der Bibel! Gott wusste schon, warum. Er kennt uns Menschen. Er weiß, was Menschen manchmal durchleben. Ich höre immer wieder von Menschen, die nach schweren Schicksalsschlägen die Kirchen verlassen. Enttäuscht von Gott (und von Menschen). Ich sage nicht, dass ich ihre Enttäuschung nicht verstehen kann. Und doch wirft dies bei mir die Frage auf, ob diese Menschen ausreichend gelehrt wurden, dass es auch Christen treffen kann? Dass dies die harte Realität des Lebens sein kann?

Oder wurde ihnen die Mogelpackung gelehrt, sprich mehrheitlich die Schokoladenseiten, der «Segen, der in Strömen vom Himmel fällt», wenn wir denn Christus nachfolgen, und der automatisch und immer folgt? Rüsten wir die Menschen zu, so wie es die Bibel lehrt. Nicht einseitig, sondern in der ganzen Breite.

Gleichzeitig stelle ich fest, dass da, wo über diese Themen gelehrt wird, unglaubliche Dämme bei Menschen im guten Sinne brechen. So viel Trost und Hoffnung zu den Menschen fließen kann. Gott Menschen berührt. Es ist ja nicht so, dass Leid und Not nicht vorhanden wären in unserer Gesellschaft.

Lehren wir Menschen das Klagen? Darin liegt meiner Meinung nach ein großer Schlüssel in der Bewältigung von Leid. Lehren wir sie auch, dass Gott in schwierigen Umständen Wunder tun kann? Immer noch, auch heute? Beten wir füreinander und bringen Gott unsere Nöte? Lassen wir in allem aber auch Gott wirklich Gott sein und stellen seinen Willen über unseren Willen wie wir das im «Vaterunser» von Jesus lernen? Oder wollen wir über ihn verfügen? Das passt nicht zusammen. Dies ist ein Bedürfnis, das bei mir stark geblieben ist.

## Gelebte Nächstenliebe und Solidarität

In unserer Gesellschaft hat der Individualismus stark Einzug gehalten. Der Leib Christi ist stark durch die Gemeinschaft: Einander tragen, Zusammenhalt leben, teilen, verzichten zum Wohl des anderen, einander praktisch helfen. Rüsten wir die Menschen zu und lehren wir sie, was Nächstenliebe praktisch bedeuten könnte. Damit wir unsere Berufung als Christen leben können, die Botschaft der Liebe Gottes mit Hand, Herz, Ohr und Mund hinauszutragen. Licht zu bringen in die Dunkelheit. Hoffnung zu den Hoffnungslosen. Das hat Kraft. Eine große Kraft. Das ist Kirche bzw. Gemeinschaft im biblischen Sinne. Lassen wir die Liebe nicht erkalten!

## Lobpreislieder für alle Lebenslagen /-situationen

Seit dieser Zeit achte ich noch gezielter auf die Liedtexte unserer Lobpreislieder. Es gibt Texte, die mich irritieren und denen ich nicht mehr zustimmen kann. Mir fallen da Liedtexte ein, in denen die Rede ist, dass Gott uns nie enttäuschen wird. Wirklich nie? Wenn ich da an die Träume, Wünsche und Hoffnungen von Menschen denke, die nicht erfüllt wurden, wo das Leben einen anderen Verlauf nahm als man sich das vorgestellt hatte, dann sind Enttäuschungen doch menschlich naheliegend. Oder nicht?

Ich will damit nicht sagen, dass Gott letzten Endes nicht treu ist. Wir brauchen unbedingt Lieder, die über die Lebenserfahrungen aussagen. Psalmen als Grundlage eignen sich hier besonders.

Der Gottesdienstbesuch war für mich und uns als Familie existenziell wichtig und verbindend. Natürlich erlebte ich auch hier ein Gefühlschaos. Viele Monate, ja Jahre flossen die Tränen. Ich schöpfte in Gottes Gegenwart und in den Predigten Trost und Kraft. Ich erlebte die mitreißende Lobpreiszeit zu diesem Zeitpunkt nicht immer gleich ansprechend. Manchmal war es mir zu laut, zu intensiv. Manchmal hätte ich in dieser Zeit das ruhigere, andächtigere und einfach «still vor Gott sein» bevorzugt.

An anderen Sonntagen tat mir das pulsierende Leben auch gut und stärkte mich. In all dem drin wurde mein erschüttertes Gottvertrauen ganz langsam und leise wieder gestärkt.

## Veränderungen – Verändertes Selbstbild

Die Veränderungen, welche bei mir stattfanden, sind für mich keine vorübergehenden Veränderungen. Sie sind ins Herz und Wesen geschriebene, bleibende Veränderungen. Der Tod von Micha hat mich als Mensch gebrochen. Dieser Zustand hat mich demütiger und barmherziger gemacht. Durch mein eigenes Erleben ist es mir heute besonders wichtig, Menschen in Not beizustehen. Nächstenliebe zu leben, ganz praktisch. Menschen Trost, Licht und Hoffnung zu bringen. Dorthin, wo Gott mich sendet, nach meinen Kräften und Möglichkeiten.

Zudem wurde mein Herz durch die Jahre unserer eigenen Krise barmherziger gegenüber Ehen, welche zerbrechen oder zerbrachen. Ich stelle durch unseren Weg, jedoch auch durch Gespräche mit Betroffenen fest, dass lange nicht jede Ehe kampflos gescheitert ist. Und es ging auch nicht spurlos an den Betroffenen/den Ehepaaren vorüber. Auch wir könnten dort stehen, dessen bin ich mir bewusst. Auch müssen nicht alle Ehen demselben Maß an Belastungsproben standhalten. Die einen bleiben bewahrter auf ihrem Weg als andere.

Auch ist es mir ein besonderes Anliegen «schwangere Mütter» zu segnen. Natürlich knüpfe ich mir nicht jede Schwangere vor. Doch für viele bete ich leise in meinem Herzen. Es ist mir wichtig, über ihnen den Geist des Lebens und Gesundheit auszusprechen. Dieser Wunsch und dieses Drängen sind tief in meinem Herzen.

Was ich mit ehrlichem Erstaunen beobachte, ist, wenn Mamis in meinem Umfeld schwanger sind und vermutet wird, «irgendetwas könnte in der Entwicklung des Babys nicht stimmen», sie gerne mich zum Beten aufsuchen. Oder auch wenn Fehlgeburten (in ihrem Umfeld) vorhanden sind. Damit hätte ich ehrlich gesagt nie gerechnet. Ich beobachte, dass Frauen in meinem Umfeld mit mir aufstehen, um Menschen in Not, in Nächstenliebe und Menschlichkeit beizustehen. Einige sind dabei über sich selbst hinausgewachsen.

Ich erhebe auch meine Stimme für Menschen, wenn ich beobachte, dass sie durch schwierige Krisen wandern, um Mitmenschen darauf aufmerksam zu machen. Ich beobachte, ich bin zur Kämpferin für sie geworden.

Ich stelle fest, dass ich während den vergangenen Jahren viel Menschenfurcht verloren habe. Es ist mir bedeutend weniger wichtig, was Menschen von mir denken und halten. Ich habe viel innere Freiheit gewonnen und gehe mutig meinen Weg.

Ich habe erkannt, dass das Leben nicht fair ist. Wir wissen das irgendwie alle. Doch bei mir geht diese Erkenntnis und das damit verbundene Bewegtwerden, wo Ungerechtigkeit herrscht, heute tiefer. Ich möchte für soziale Gerechtigkeit einstehen, auch mal meine Stimme erheben. Und diese natürlich so gut ich kann und ich mir bewusst bin, selber leben.

Vieles ist für mich nicht mehr selbstverständlich. Ich genieße und wertschätze die kleinen Dinge sowie die unkäuflichen Geschenke des Lebens heute noch bewusster.

Mehr denn je möchte ich mein Leben und meine Kraft in das investieren, was Ewigkeitswert hat. Denn ich erkenne für mich, letztendlich hat nur das Bestand.

Was ich auch beobachte, ist, dass ich auf der einen Seite stärker und reifer geworden, auf der anderen Seite nicht mehr im selben Maß belastbar bin. (Einige würden hier vielleicht anmerken, dass ich älter werde). Ich brauche mehr Zeit für mich, um innerlich ausgeglichen und stabil zu sein. Ich spüre meine Seele stärker. Mag sein, dass dies eine Spätfolge des seelischen Traumas ist. Manchmal denke ich das. Es ist, wie es ist. Ich versuche einfach, meine «guten» Tage produktiv zu nutzen und meine neu gesteckten Grenzen zu respektieren und zu bejahen.

Nicht immer einfach ist es für mich, meinen Mann und sicherlich auch nicht immer für unser Umfeld, dass wir nachdenklicher und auch kritischer geworden sind. Manches erscheint uns oberflächlicher als anderen. Da müssen wir wachsam sein, dass wir unser Erleben und Empfinden nicht andern überstülpen, dass wir weniger in Kategorien bewerten was «richtiger» und «falscher» in unseren Augen ist. Oder «schlimm» oder «nicht so schlimm», was Menschen im Leben widerfährt. Dieser Gefahr sind wir uns bewusst. Sie dürfen anders sein. Auch ist nicht jeder Mensch gleich belastbar. Unser Weg und Erkennen, ist nicht ihr Weg und Erkennen, und umgekehrt. Mein Mann und ich helfen uns da situativ gegenseitig weiter, wenn es der eine oder andere braucht.

Ein gewisses Gefühl der Leere im Innern ist geblieben. An manchen Tagen nehme ich das mehr wahr, an manchen Tagen weniger. Es ist, wie es ist. Ich habe gelernt, mich damit zu arrangieren und das Beste daraus zu machen.

Ja, das Leben ist wertvoll, weil es ist. Unabhängig vom Alter, der Lebensdauer, dem Grad der Leistungsfähigkeit, Gesundheit, Behinderung, dem Zivilstand, der Kinderzahl, Herkunft, dem Ausmaß der Begabung, dem Berufsstand, Bankkonto, Intelligenz, Schönheit etc. Diese Wahrheit erkannte ich in einer neuen Tiefe. Unsere Gesellschaft mag uns da versuchen den Wert streitig zu machen. Den Wert des Menschen zu messen und zu bewerten. Gott sagt uns diesbezüglich anderes in der Bibel (z. B. Jesaja 43,4; Ps 139, u.v.m.). Wie befreiend und wie lebensbejahend die Sicht Gottes für mich ist. (Und wohl auch für viele Menschen, die da eher auf der Schattenseite, gemessen an der gesellschaftlichen Bewertung, liegen).

Ich habe längere Zeit nach dem Tod von Micha sehr stark auf Krankenwagen mit heulenden Sirenen reagiert. Alles vibrierte in mir und reagierte stark. Erinnerungen wurden hervorgerufen. Automatisch fing ich an, für den betroffenen Menschen und seine Angehörigen zu beten. Ich fühlte stark mit. Heute reagiere ich nicht mehr empfindlich, doch das Bedürfnis zu beten ist anhaltend geblieben. Nach ungefähr einem Jahr reagierte ich zudem stark auf das Glockengeläut unserer reformierten Kirche im Dorf, in welcher die Abdankung von Micha stattfand. Ich weinte aus tiefster Seele. Ich glaube, durch die Glocken ist zu diesem Zeitpunkt in meinem Innern etwas aufgebrochen und an die Oberfläche gekommen. So wie es plötzlich da war, verschwand es wieder.

Lange Zeit war es für mich schwierig, all die schwangeren Frauen um mich zu haben. Besonders schwer war es z. B. im Einrichtungshaus IKEA oder aber auch in unserer Kirche. Wir sind in einer dynamischen, unglaublich familienreichen Kirche daheim. Was für ein Segen! Doch mir wurde es in dieser Zeit zur echten Not. Kindersegnungen waren lange Zeit sehr schmerzhaft für mich. Doch ich habe mich all dem gestellt und bin nicht ausgewichen oder ferngeblieben. Schrittweise fand Heilung statt. Heute ist das für mich kein Problem mehr.

Nach ca. vier Jahren, nachdem wir uns definitiv entschieden hatten, dass die Familienplanung abgeschlossen ist, wagte ich mich an die Frage, wohin mit allen Babysachen wie den Kisten voller Kleidchen, Maxi-Cosi, Kinderbettchen, Kinderwagen etc. Das war für mich emotional ein unglaublich großer Schritt. Ich war innerlich vorher lange Zeit nicht bereit dazu. Mein Mann sprach das Thema gelegentlich vorsichtig tastend, fragestellend an.

Einiges liehen wir Freunden aus für ihre Pflegekinder. Das fühlte sich sehr stimmig an. Alles andere schenkten wir einem Frauenhaus in Rumänien, zu dem Bekannte von uns Beziehungen haben. Der Gedanke, dass diese Mütter, welche oft von großer Not umgeben sind, all die schönen Sachen bekommen werden, war für mich tröstlich und sinnvoll. Ich bin meinem Mann von Herzen dankbar, dass er hinter diesem Wunsch stand. Auch dass er mich nie in meinem Tempo anspornte oder dazu drängte, eine für mich übereilte Entscheidung zu treffen.

Eine Sichtweise, welche mich die letzten Jahre viel Mut gekostet hat zuzulassen, möchte ich nun teilen. Lange habe ich mir immer wieder die Frage gestellt, «was wäre, wenn?» ... Ich denke, wir Menschen kennen dieses Fragenkarussell wohl alle gelegentlich. Es kann einen verrückt machen. Was wäre, wenn wir wohl von Anfang an mehr Unterstützung gehabt hätten? Es gibt keine abschließende Antwort darauf. Was wäre, wenn Micha nicht gestorben wäre? Ja, was wäre dann? Gerne stelle ich mir an dieser Stelle das Ganze wie folgt vor: Micha wäre ein gesunder, munterer, pflegeleichter Junge, der uns allen viel Freude machen würde. Das wäre durchaus eine mögliche Alternative. Im Idealfall. Sie gefällt mir.

Doch Hand aufs Herz – gibt es wirklich nur diese Alternative? Wenn ich ehrlich bin, dann könnte es durchaus auch sein, dass Micha zwar leben würde, jedoch schwer körperlich und geistig behindert und in der Folge stark pflegebedürftig wäre. Nicht, dass er dann als Mensch weniger wertvoll oder weniger liebenswert wäre. Doch es wäre ebenfalls kein «Spaziergang» gewesen und wohl auch eine enorme Belastungsprobe – möglicherweise ein Leben lang.

Eine weitere Sichtweise, die sich bei mir durch Gespräche mit Pastoren und Freunden von Betroffenen mit einem Kindsverlust entwickelt hat, möchte ich hier schildern. Ich glaube mittlerweile, dass sie ein Schlüssel in der Wegbegleitung ist.

Ich glaube, dass eine gezielte Aufgabentrennung nötig ist. Damit meine ich, es ist gut, wenn professionelle Seelsorger Betroffene von der fachlichen Seite begleiten. Diese haben durch ihre «Neutralität» und ihre Rolle als Berater eine «Erlaubnis oder Bevollmächtigung» ins Leben der Betroffenen zu sprechen.

Von Freunden wünscht man sich in erster Linie Annahme, Verständnis, Dasein, Aushalten, Ermutigung und praktische Hilfe. Eben vielleicht in Form von einem Bier trinken gehen, in die Sauna, auswärts essen, vielleicht Mithilfe im Haushalt anbieten ... Ich glaube, wenn Freunde zu sehr in die Rolle der Berater abdriften, ist das auf der Beziehungsebene nicht gut. Ein Rollenkonflikt entsteht. Betroffene geben den Freunden oft nicht diese Kompetenz. Es begünstigt das «sich unverstanden Fühlen». Wenn sie dann aber doch mal etwas ansprechen möchten, dann glaube ich, ist es hilfreich, dies in Form von Fragestellungen zu tun: Hast du jemanden, der mit dir den Weg fachlich geht? Wenn nicht, meinst du, das könnte dir helfen? Das regt an darüber nachzudenken. Für Freunde kann es sehr hilfreich sein zu wissen, dass da fachlich jemand mit dem Betroffenen den Weg geht. Es wirkt entlastend. Außerdem fällt es leichter «einfach Freund zu sein».

*Markus: Auch mich hat diese Lebensphase nachhaltig verändert. Alles in allem bin ich sicherlich nachdenklicher, ruhiger und tiefgründiger geworden. Ich störe mich mehr an Oberflächlichkeit und Gerede über belanglose Dinge. Sicherlich ist einiges davon auch meinem «Mittelalter» zuzuschreiben. Als junger, frischverheirateter Mann hatte ich einen Plan und ich meinte zu wissen, wie man lebt und das Leben auf seine Art gestaltet. Die Erfahrungen der letzten Jahre brachten eine Art Reife in mein Leben, die mich reflektierter auf Dinge blicken lässt. In der Nacht nach dem Tod von Micha schrieb ich auf meinem Social Media Profil: «Es gibt Tage, die ein*

*Leben mehr prägen als alle anderen. Ein solcher Tag geht heute vorbei!» Ja, ich war nicht mehr derselbe wie vor diesem Schicksalsschlag und bin es auch heute nicht mehr. Ich reduzierte meine persönlichen Kontakte über Jahre auf ein Minimum. Suchte die Einsamkeit, um vielem aus dem Weg zu gehen. Flüchtete mich in die Arbeit und Projekte, um mich abzulenken. Letztlich war alles ein Kampf ums Überleben – mit den Gefühlen, als Ehepaar und als Familie. Ich wollte so rasch wie möglich zurück zum «normalen Leben». Ein Leben voller Freude, Stärke und Zuversicht. Aber das brauchte Zeit. Es war ein langer und steiniger Weg und die Nachwirkungen aus dieser Zeit spüre ich noch heute. Aber das Kämpfen hat sich gelohnt – auch wenn Narben bleiben.*

*Ein positiver Aspekt dieser Lebensphase ist, dass meine Sehnsucht nach Ruhe und stillen Momenten geblieben ist und ich diese in der Zwischenzeit vorwiegend nicht mehr zur Verarbeitung von Michas Tod brauche. Sehr viel Wertvolles und weit positiv Prägenderes für mich in diesen Zeiten geschieht. So habe ich in dieser Zeit die Wichtigkeit des «Lebens und Leitens aus der Stille» als Lebensgrundsatz entdeckt.*

*Mein Leben hat sich vertieft, unsere Familie gestärkt und unseren Dienst erweitert. Das war und ist unser Gebet noch heute. Wer einen Lebenssturm gemeistert hat und hinter sich lässt, geht mit einer Lebenserfahrung weiter, die sein Leben, seinen Glauben und sein Lieben verändert, stärkt und reifen lässt.*

«Je höher die Wellen,
desto wichtiger der Anker!»
Karl Heinz Karius
«Manche Dinge lernt man in der Stille –
manche im Sturm.»
Willa Cather

# Epilog

*Markus: Ich durfte in einer Seglerfamilie aufwachsen. Seit meinem ersten Lebensjahr sind Segelwochen auf dem Bodensee oder Mittelmeer ein fester Bestandteil meiner/unserer Ferienplanung.*

*Als Segler lernt man sehr rasch, auf das Wetter zu achten. Eine Wetterlage kann sich plötzlich verändern und starke Sturmwinde können von einer Minute auf die andere über ein Schiff hereinbrechen. Deshalb ist es enorm wichtig, dass man auch an schönen Segeltagen immer das Segelschiff auf einfallende Sturmwinde vorbereitet und die Schwimmwesten griffbereit sind. Nur so wird man nicht überrascht und gerät allenfalls in Seenot, sondern kann rasch auf die neuen, herausfordernden Umstände reagieren.*

*Dieses «Vorbereitetsein» wurde für uns zum Sinnbild für die Stürme des Lebens – für unsere Geschichte. Bereits vor unserem Sturm haben wir uns intensiv mit dem Glauben an Jesus Christus und der Bibel als Fundament unseres Lebens auseinandergesetzt. Dies erwies sich in den herausfordernden Monaten und Jahren als enorme Hilfe und gab Sicherheit. Letztendlich sind wir davon überzeugt, dass diese Sichtweisen und das Verständnis maßgeblich dazu beigetragen haben, dass wir heute sagen können, dass wir diesen Sturm miteinander als Ehepaar gemeistert haben und daran persönlich gewachsen sind.*

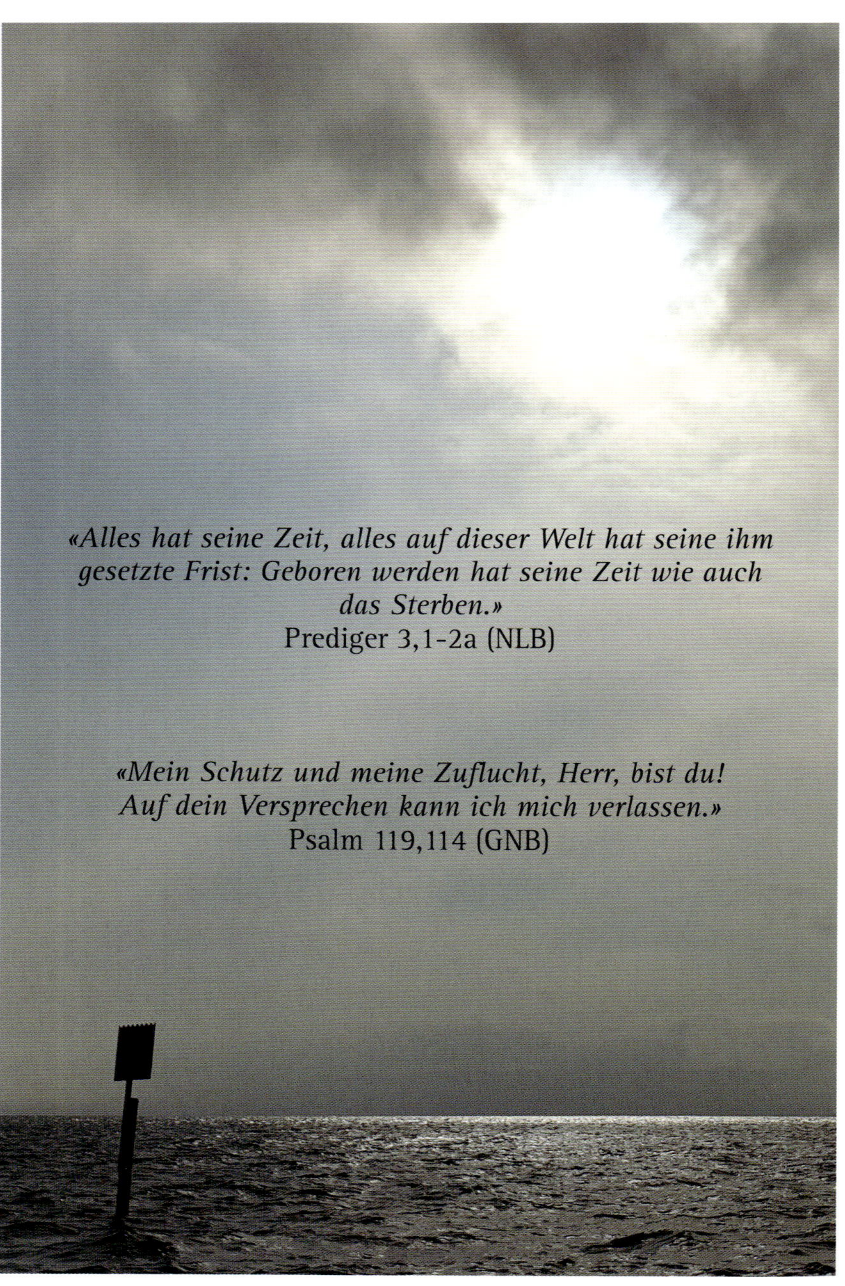

*«Alles hat seine Zeit, alles auf dieser Welt hat seine ihm gesetzte Frist: Geboren werden hat seine Zeit wie auch das Sterben.»*
Prediger 3,1-2a (NLB)

*«Mein Schutz und meine Zuflucht, Herr, bist du! Auf dein Versprechen kann ich mich verlassen.»*
Psalm 119,114 (GNB)

## Praxis-Tipps

Ich war anfangs unschlüssig, ob ich diesen Teil in das Manuskript einfließen lassen soll. Ich möchte ja vor allem einen tieferen Einblick ins Erleben geben und Verständnis wecken. Und doch merke ich, dass ich dich schlecht mit «leeren Händen» zurücklassen kann. So würde es sich zumindest für mich anfühlen. So möchte ich dir einige oder viele mögliche praktische Impulse mit auf den Weg geben. Sie sind als Inspiration gedacht. Und sie sind keineswegs abschließend. Die Ideen sollen in dir keinen Druck auslösen, möglichst vieles abdecken zu müssen. Alles, was du «Sein» und «Hand bieten» kannst, ist ein Segen! Sei dir dessen versichert. Gestehe dir auch deine persönlichen Grenzen ein. Diese zu kennen und zu respektieren ist hilfreich und wichtig.

Gemeinsam getragen, verringert sich die «Traglast» für alle. Gerne verweise ich hier auf die biblische Geschichte des gelähmten Mannes, der durch seine vier Freunde zu Jesus getragen wurde und Heilung erfuhr. Gemeinsam sind wir viel stärker! Sei dir bewusst, die meisten Menschen im Umfeld gehen nach wenigen Wochen in die Normalität über. Es ist einfach so. Das Leben fordert von allen.

Vor den ganz praktischen Punkten möchten wir zwei grundsätzliche Aspekte unterstreichen:

1. Gerade in der ersten (Schock-)Phase ist es wichtig, auf die Betroffenen zuzugehen und konkret Hilfe anzubieten. Man soll sich melden, aktiv nachfragen und nicht passiv warten und später dann sagen: «Du hast ja gar nichts gesagt.» Es liegt am Umfeld, sich aktiv anzubieten. Die meisten Betroffenen können von sich aus kaum um Hilfe bitten oder Bedürfnisse äußern.

2. Trauerarbeit ist ein Marathon. Praktische Hilfeleistungen, trostvolle Worte und Zeichen in Form von Karten und Besuchen sind nicht nur in der Anfangsphase wichtig. Nicht nur in den ersten paar Wochen, sondern weit darüber hinaus.

## Trost- und Trauerkarten

Trostkarten spenden wirklich Trost. Für viele ist jedoch das Formulieren solcher verständlicherweise eine Herausforderung. Hilfreich ist es dabei, sich zu fragen, was die Betroffenen sich selbst wünschen würden, was in einer solchen Situation dastehen würde. Einfach ganz ehrlich und menschlich sein. Zum Beispiel: «Mir fehlen die Worte zu dieser unfassbaren Situation. Es tut mir aus tiefstem Herzen leid. Ich denke an dich/euch.» Manchmal ist weniger mehr. Selbstverständlich darf man auch ausdrücken, dass man für die Situation betet, wenn man das tut. Aber wähle keine unnötigen frommen Floskeln. Frommes Gerede erträgt man in der Regel nicht gut. Ein gutes Beispiel erlebten wir von einer Mitarbeiterin meines Mannes. Mitten in das Spannungsfeld zwischen Hoffen und Bangen um Micha fand sie sehr tröstende Worte. Nicht nach dem Motto «Alles wird gut», sondern vielmehr, dass Gott alles in seinen Händen hält. Er wisse um den Ausgang. Sie ging darauf ein, dass das menschliche Leben ein Wunder ist, gleichzeitig aber fragil.

Berührt hat uns auch eine Rose mit einer Karte mit den schlichten Worten «Ich denke an euch», die uns ins Spital geschickt wurde.

## Praktische Hilfe im Alltag

Ganz praktische Hilfe im Bewältigen des Alltags ist Gold wert. Das kann zum Beispiel das Vorbeibringen eines Mittag- oder Abendessens sein. Kündige aber deine Hilfe in dieser Art vorher bei den Betroffenen an. Gut geeignet sind Gratins und Lasagnen für den Ofen oder vorgekochte Menüs in Pfannen. Wenn Kinder da sind, wähle kinderfreundliche Menüs.

Hilfe für den Haushalt ist auch eine gute Möglichkeit, diese zeitintensive Bürde tragen zu helfen. Nasszellen oder Fenster zu reinigen, beim Kleiderwaschen helfen, bügeln oder einfach Staub zu saugen. Dies kann auch gut geschehen, wenn die Betroffenen «außer Haus» sind.

Nahe Angehörige oder Bezugspersonen können auch vorschlagen, die Kinder einer betroffenen Familie zu betreuen, damit die Eltern

Zeit für sich (Spazieren gehen, Kaffee trinken gehen, zum Coiffeur oder zur Massage gehen, …) haben. Wichtig ist dabei, dass das von Bezugspersonen der Kinder übernommen wird. Stabilität ist für die Kinder in dieser Zeit sehr wichtig.

Wenn solche Hilfe von einer Kirche angeboten wird, ist eine gute Absprache wichtig. Am besten übernimmt jemand die Koordination.

**Begleitung**
Eine Einladung für ein Essen oder eine Unternehmung auszusprechen, ist eine gute Möglichkeit, für Betroffene da zu sein. Dafür kann man gut nachfragen, was ihnen guttut – sie selber wählen lassen, ob es ein Kinobesuch sein soll oder in welches Restaurant sie gehen möchten.

Sei dir bewusst, dass es unter Umständen kein «lustiges und entspanntes» Zusammensein werden wird. Aber das Ziel ist es, einfach da zu sein, zuzuhören und Gesprächsmöglichkeiten zu bieten. Gemeinsam auszuhalten ist überhaupt eines der größten Geschenke, das man machen kann. Ehrlich zu fragen, wie es den Betroffenen geht. Aber auch hier müssen es nicht immer die langen Gespräche über die Situation sein. Eine (lange) Umarmung zu schenken oder einfach schweigen zu können, zeigt auch Anteilnahme. Man darf aussprechen, dass man zur Situation keine Worte findet oder überfordert ist – es geht ja fast allen so. Das verbindet und ist ehrlich. Als Wegbegleiter/-in braucht man Ausdauer und Durchhaltewillen. Stell dich auf einen langen Weg ein. Ein, zwei, drei … Jahre, und auf irgendeine Weise geht das Erlebte nie vorbei. Die Zeit wird von vielen Betroffenen in ein «Vorher» und ein «Nachher» eingeteilt.

Menschen in Trauer haben oft für längere Zeit einen Tunnelblick. In dieser Phase können sie den Begleitenden wenig zurückgeben. Es ist nicht so, dass sie nicht möchten, sondern sie können nicht. Deshalb ist es wichtig, Hilfe und Anteilnahme über längere Zeit aufrechtzuerhalten und Betroffene regelmäßig aus ihrer Isolation zu locken. Höflich, ohne Zwang und nicht nur einmal. Betroffene werden in der Regel nicht von sich aus auf andere zukommen.

Durch das wiederholte Anbieten spüren sie, dass du es ernst meinst und sie bei Bedarf diese ausgestreckte Hand ergreifen dürfen.

Auch für kirchliche Mitarbeitende ist es wichtig, dass ihre Unterstützung für Betroffene nicht nur in der Anfangszeit gilt, sondern auch darüber hinaus. Bei Bedarf kann es auch eine Hilfe sein, professionelle seelsorgerliche Unterstützung durch eine Person mit einer Ausbildung im Bereich Trauerbegleitung anzubieten.

## Geschenke

Geschenke zu machen, ist eine einfache und «stille» Möglichkeit, den Betroffenen ihre Anteilnahme auszudrücken. Egal ob klein oder groß, meist bedeutet das den Empfängern sehr viel, selbst wenn diese nur in den Briefkasten gelegt oder vor die Haustüre gestellt werden.

Folgend (nur) eine kurze Liste von möglichen Ideen als Inspiration:

- Windlichter haben in der «Dunkelheit» eine schöne Symbolik des Lichts
- Blumen oder Pflanzen > Wir haben u. a. einen kleinen Kirschbaum erhalten, der heute noch in unserem Garten steht und Früchte trägt
- Selbst gebackenes Brot oder ein Sonntagszopf
- Speziell für Kinder/Geschwister: Kuscheltiere, Winddrachen, Gutscheine für Familienzeit (Hallen- oder Schwimmbad, Zoo- oder Museumsbesuch, CDs oder Bilderbücher, die das Thema Tod/Leid thematisieren (siehe Seite 123)
- Gutscheine für Erwachsene: Massagen, Einkaufsgutschein eines besonderen Geschäftes
- Produkte mit Trostsprüchen (Lyrikbücher, Teetassen ...)
- Energiebox mit: Redbull, Kaffee, Müesli, Ovomaltine, Fitnessriegel, Schokolade, Nutella ...
- ...

Eine Beerdigung ist insgesamt eine teure Sache. Allein ein Grabstein kostet mehrere Tausend Franken. Wenn Angehörige und Freunde beim Mittragen dieser Kosten helfen, ist das eine große Entlastung, gerade wenn Betroffene finanziell knapp dran sind.

## No Go's

Diese beschränken sich eigentlich auf den Bereich Kommunikation. Mit unseren Worten können wir in leidvollen Situationen so vieles richtig machen, ermutigen und aufbauen, aber man kann damit das Leid auch noch verstärken. Deshalb zwei ganz wichtige Tipps dazu:

- Versuche nie, nie, das Ganze den Betroffenen zu erklären.
- Vermeide wertende Äußerungen wie z. B. «Versinke nicht im Selbstmitleid», «Du bist doch noch so jung, du kannst ja noch Kinder haben.», «Sei dankbar, dass du schon zwei Kinder hast» oder «Ich kenne Leute, denen es noch viel schlimmer geht.»

## Persönliche Learnings

Zum Schluss noch zwei ganz persönliche und praktische Learnings:

- Wir haben unsere Großeltern gefragt, ob sie während der Beerdigung unsere beiden Kinder betreuen, was sie gerne gemacht haben. Rückblickend würden wir das heute anders machen. Auch sie waren ja persönlich sehr betroffen. Um ihnen mehr Raum für ihren Abschied zu geben, würde ich die Kinder heute von außerfamiliären Bezugspersonen betreuen lassen.
- Rückblickend denken wir oft, dass wir die Beerdigung grundsätzlich drei bis vier Tage später ansetzen würden. Dies hätte uns seelisch, körperlich und ganz praktisch mehr Zeit gegeben und wäre bestimmt hilfreich gewesen.
- Zwei Monate nach Michas Tod verstarb die Urgroßmutter (väterlicherseits) von unseren Kindern. Wir nahmen als ganze Familie an der Beerdigung teil. Rückblickend müssen wir sagen, dass es für Melanie «zu nahe» und sie nicht ausreichend stabil dafür war. Heute hätten wir den Mut, bewusster eine Grenze zu ziehen, vorsichtiger zu entscheiden und sich weniger Gedanken darüber zu machen, was andere über ein Fernbleiben denken oder ob es sie gar verletzen würde.

# Lese- und Hörtipps

Ich las wertvolle Bücher rund ums Thema Leid. Das war für mich ein sehr hilfreicher Weg. Lesen war schon immer wichtig für mich. Ich kläre auch vieles im Innersten auf diese Weise für mich selber. Die Theodizee-Frage (warum lässt Gott Leid zu) war für mich das größte Thema oder sagen wir mal «Problem» im ganzen Erleben.

Sehr hilfreich waren für mich folgende Bücher:

- «Von Gott enttäuscht: Durch Leiden an Gott in der Liebe zu ihm wachsen» – Der Titel klingt paradox, war für mich letzten Endes aber wirklich so.
  Philip Yancey (SCM R.Brockhaus)
- «Gegenwind – Hoffnung in stürmischen Zeiten» – Sonderheft des Magazins «Aufatmen» (SCM Bundes-Verlag). Geballte Ladung an authentischen Lebensberichten und Hilfestellungen durch Krisen und Zerbrüche.
- «Wenn Gott schweigt» – Pastorenehepaar, welches den Verlust ihres Sohnes durch dessen Suizid bewältigen musste.
  Sehr authentisch.
  Ronald Dunn (CLV)
- «Leid – Warum lässt Gott das zu?»
  Peter Hahne (MediaKern)
- «Sterne leuchten nachts»
  Thomas Härry (SCM R.Brockhaus).
- «Trotzdem. Wer dich hält, wenn alles zerbricht»
  Jud Wilhite (GerthMedien)
- «Warum Gottes Kindern manchmal Schlimmes widerfährt»
  Derek Prince (IBL)

**(Kinder-)Bücher**

- «Den Himmel gibt's echt»
  Todd Burpo mit Lynn Vincent (SCM Hänssler)
- «Wo die Toten zu Hause sind»
  Christine Hubka, Njna Hammerle (Tyrolia)
- «Danke, lieber Fuchs»
  Wickli Anna, Villiger Daniela (Villiger)

## (Kinder-)CDs

- «Lotta und Luis und der Tod von Oma Lene» (Bibellesebund)
- «Dä Weg uf d'Summerweid» (Jonas Verlag)
- «Himmelwiit» Andrew Bond

## Ermutigende Lieder

-> Auf YouTube zu finden:

- Matt Redman «Blessed be your name» oder in Deutsch «Dir gehört mein Lob»
- MercyMe «Even if»
- Jonas Schumacher «Äsche zu Gold»
- Anja Lehmann «Meer» oder in Englisch «Oceans» von Hillsong live in Caeserea
- Jeremy Camp «I still believe»
- Jeremy Camp «Whatever may come»
- Casting Crowns «Praise you in this storm»
- Kristene DiMarco «It is well»
- Lauren Daigle «You say»
- Hillsong «O Preist den Namen»
- Arne Kopfermann «Wir werden uns wiedersehn»
- Tea Eichholz «Wohin sonst»
- Central Music «Dir nöch si»
- Emanuel Reiter «Von Guten und anderen Zeiten»
- Outbreakband «Mittelpunkt»
- Andreas Bourani «Wieder am Leben»
- Natascha Hausammann «Ich möchte lieben»

# Danksagungen

Als Erstes widme ich meinen Dank Micha: Du bist mein geliebtes Kind. Kind meines Herzens. Wie wertvoll dein kurzes Leben für mich war. Durch dein Leben wurde mir in einer neuen Tiefe bewusst, wie fragil und gleichzeitig kostbar menschliches Leben ist. Ja, das Leben ist ein Geschenk! So viel hätte ich gerne mit dir geteilt, erlebt, erkundet. So viel. Wenn ich bei dir im Himmel bin, werde ich dich fest in meine Arme schließen. Gemeinsam werden wir vieles nachholen. Versprochen. Ich bete, dass durch deine Geschichte viele Menschen Trost und Hoffnung finden und dass sie zum Leben durchdringen.

An meinen lieben Ehemann Markus/«Gügi»: Dass du die vergangenen Jahre treu an meiner Seite geblieben bist, bedeutet mir alles. Ich weiß, es war nicht immer einfach für dich. Danke, dass du mit mir durchgehalten hast. Du hast meine tiefe Achtung. Es ist ein umkämpfter Sieg!

*An meine liebe Ehefrau Melanie: Du bist und bleibst mein Lieblingsmensch! Danke fürs Aushalten und Dranbleiben! Mit dir auf «einem Boot» durchs Leben zu schippern, bedeutet mir sehr viel!*

An unsere Kinder Boas und Jael: Wir sind dankbar, dass wir euch haben dürfen. Ihr macht unsere Leben reich. Wir sind so gerne eure Eltern. Wir haben euch fest lieb!

Allen Frauen, die mit mir den steinigen Berg hochgewandert sind, mich ermutigt, angespornt, gestützt und getröstet haben, insbesondere dir Nadja Thalmann, Rita Binder und Miriam Ott, euch bin ich aus tiefstem Herzen dankbar. Wo wäre ich ohne euch??!! Ihr seid Juwelen.

*An meinen Freund Sandro: Auf dich ist Verlass! Danke für jede Minute, die du mit mir geteilt hast auf diesem Weg ... und jedes gezahlte Bier! Du bist das, was ich einen «treuen Freund» nenne!*

Zudem möchten wir uns auch bei Rebekka & Raffael Eichenberger bedanken. Danke, seid ihr all die Jahre an unserer Seite gestanden. Danke für eure gelebte Gastfreundschaft und Großzügigkeit. Dir, Rebekka, danke ich für alle gemeinsamen Frauenabende und Wellnesswochenenden. Danke für dein stundenlanges Zuhören und die gemeinsamen Kaffeestunden mitten im Alltag.

An das «B'n'B' Hofgenuss» von Silvia & Jonathan Lieberherr, wo wir den größten Teil dieses Buches geschrieben haben: Euer Hof, die Pod-Häuser und eure Gastfreundschaft sind ein Ort des Friedens und der Ruhe!

Mein größter Dank gehört dir, Jesus. Du bist mein Fels. Meine Stärke. Meine Freude. Mein Helfer. Meine Zuflucht. Mein Leben. Meine ewige Hoffnung. Mein Friede. Du bedeutest mir mehr als alles auf der Welt. Ohne dich gäbe es dieses Buch nicht. Ich gebe dir alle Ehre!

# Quellennachweis


1 Nach Peter Hahne, Leid – Warum lässt Gott das zu?
MediaKern / 2012 – S. 10
2 Leid – Warum lässt Gott das zu?
Peter Hahne, MediaKern / 2012 – S. 67/68
3 Nach Peter Hahne, Leid – Warum lässt Gott das zu?
MediaKern / 2012 – S. 13
4 Leid – Warum lässt Gott das zu?
Peter Hahne, MediaKern / 2012 – S. 8
5 Nach Peter Hahne, Leid – Warum lässt Gott das zu?
MediaKern / 2012 – S. 14
6 Nach Thomas Härry, Gott erkennen statt verstehen
Magazin Aufatmen, Sonderheft «Gegenwind»
SCM Bundes-Verlag 2013 – S. 77
7 Leid – Warum lässt Gott das zu?
Peter Hahne, MediaKern / 2012 – S. 8
8 Mit Jesu Augen sehen
Oswald Chambers, SCM R.Brockhaus 2012 – S. 39
9 Das Ehe Buch
Nicky & Sila Lee, Gerth Medien / 2004 – S. 32


## Fotos

| | |
|---|---|
| Titelbild | AdobeStock |
| Stefan Meier | S. 16, 27, 31, 58, 72, 77, 78, 85, 93, 96 |
| Markus Giger | S. 61, 63, 114, 116 |
| Bolanz Verlag | S. 16 (Abdruckgenehmigung) |
| Boas Giger | Zeichnungen S. 31, 85 |

## Abkürzungen Bibelausgaben

| | |
|---|---|
| HfA | Hoffnung für Alle |
| Lut | Luther Bibel |
| NGÜ | Neue Genfer Übersetzung |
| GNB | Gute Nachricht Bibel |
| NLB | Neues Leben Bibel |

# Die Wegbegleiter

## Mitten im Sturm – leben, glauben & lieben

Das vorliegende Buch ist ein Extrakt aus Referaten, Predigten und Beratungen, die wir halten und durchführen durften, nachdem wir das steilste Stück unseres leidvollen Weges hinter uns gelassen haben. Die vielen ermutigenden Rückmeldungen haben uns dazu bewogen, diese Tätigkeit weiter auszubauen. So bieten wir als «Die Wegbegleiter» verschiedene Dienste rund um die Themen Trauer(-Begleitung), Glaube und Ehe/Familie, mit unterschiedlichen Schwerpunkten an:

- Predigtdienste
- Talk-Gottesdienste oder als Interview-Gäste
- Referate an Frauentreffen oder Ehepaar-Anlässen
- Seminartage/-wochen
- Autorenlesungen
- Beiträge für Zeitschriften, Radio- und TV-Sendungen oder Online-Portale

Mit unseren Grund- und Weiterbildungen (Pflege, Seelsorge, Beratung, Theologie & Coaching) haben wir eine breite Grundlage und ein weites Verständnis für die verschiedensten Aufgaben. Wir begleiten, ermutigen und stärken Menschen auf ihrem persönlichen Weg.

*Ihre Melanie & Markus Giger*

Weitere Informationen unter:
**www.mittenimsturm.ch**

**Aus der Stille begeistert leben & inspiriert führen**

Seit über 20 Jahren begleite ich Menschen auf ihrem Lebensweg. Als Mentor, Trainer und Führungsperson bin ich begeistert, wenn Persönlichkeitsentwicklung, Wachstum und positive Veränderungen in Menschen sichtbar werden. Durch meine persönliche Biografie kenne ich aber auch die Herausforderungen auf diesem Weg sehr gut. So zum Beispiel Phasen der grenzwertigen Arbeitsbelastung, Ehe- und Lebenskrisen, Schlafstörungen, ...

Auf meinem Weg habe ich viele Aspekte kennengelernt, die mich - trotz allem - mit Begeisterung meinen persönlichen Weg gehen lassen.

- Als «Der Wegbegleiter» teile ich meine Erfahrungen in Kursen, Retraiten und Referaten/Predigten.
- Einzigartig ist mein Angebot «Spirituelle Begleitung für Menschen in Verantwortung».
- 1:1 unterwegs in der Natur mit individuell angepasster Wander-Liturgie zu Entscheidungsfindungen, Problemlösungen, usw.
- Zudem biete ich spezielle Wegbegleiter-Angebote für Unternehmen und Organisationen an.
- Zum Beispiel Abschiedsrituale für Mitarbeitende von verstorbenen Teammitgliedern.

*Ihr Markus Giger*

Weitere Informationen unter:

**www.derwegbegleiter.ch**

Stefan und Lea Schweyer

**Sterben wir, so sterben wir dem Herrn**

Bestattung und Trauerfeier aus christlicher Sicht

Hardcover, 96 Seiten
ISBN 978-3-905290-84-4

- Welche Bedeutung hat der Tod und das Sterben?
- Ist es gleichgültig, ob ich mich kremieren oder beerdigen lasse?
- Soll es eine Abdankungsfeier geben?
- Soll ich meine Organe spenden?
- Was ist, wenn ich unheilbar krank bin

Dieses Buch bietet Argumente und Beispiele, um Antworten zu finden.

Mit Formularen zum Festhalten eigener Wünsche!

Dr. Oliver Merz

**papperlapapp – sinnvoll kurz und knapp**

Lyrische Erstlinge

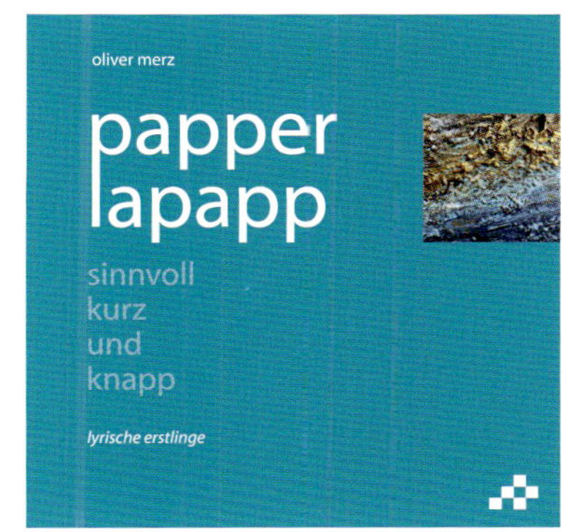


Hardcover, 72 Seiten
ISBN 978-3-906959-38-2

Oliver Merz reimt zur Coronakrise, zu sozialen, politischen und kulturellen Themen und lässt auch Gott und Feste im Kirchenjahr nicht aus.

Der Gedichtband ist mit Kunstwerken des Autors illustriert. Die Gedichte eignen sich zum Vorlesen in Gottesdiensten, bei Sitzungen, Anlässen usw.